卖什么
也别卖东西

王建四 ◎ 著

图书在版编目(CIP)数据

卖什么也别卖东西 / 王建四著. —北京:北京联合出版公司, 2020.9
ISBN 978-7-5596-3401-6

Ⅰ.①卖… Ⅱ.①王… Ⅲ.①商店—商业经营 Ⅳ.①F717

中国版本图书馆 CIP 数据核字(2020)第 061911 号

卖什么也别卖东西

作　　者:王建四
出 品 人:赵红仕
选题策划:北京时代光华图书有限公司
责任编辑:徐　樟
特约编辑:李淼淼
封面设计:新艺书文化

北京联合出版公司出版
(北京市西城区德外大街83号楼9层　100088)
北京时代光华图书有限公司发行
北京晨旭印刷厂印刷　新华书店经销
字数179千字　787毫米×1092毫米　1/16　15印张
2020年9月第1版　2020年9月第1次印刷
ISBN 978-7-5596-3401-6
定价:58.00元

版权所有,侵权必究
未经许可,不得以任何方式复制或抄袭本书部分或全部内容
本书若有质量问题,请与本社图书销售中心联系调换。电话:010-82894445

目录
CONTENTS

前言 /V

第一章 做标杆店铺，这些你得懂
导购，你在为谁工作 /3

今天怎样工作，明天就怎样生活 /9

老板，你为什么要那么辛苦 /17

别再干驱逐顾客离店的傻事 /26

获得顾客信任并不难 /30

标杆店铺的四大管理工具 /33

第二章 标杆销售，就得这么做
距离销售冠军，你还差多远 /39

主动引导顾客朝购买的方向前进 /44

做顾客一辈子的生意 /49

销售冠军要做的四件事 /52

零售门店导购综合情景训练 /57

第三章　标杆沟通系统，轻松获得顾客信任

是顾客不好沟通，还是导购不会沟通　/63

能说话不如会说话　/66

联想两步套，促使顾客说服自己　/74

洞悉人性，说服顾客没那么难　/77

让顾客滔滔不绝，你就成功了一半　/81

让顾客开口说话的五大方法　/83

第四章　沟通的四把金刷子

认同——提高说服力　/89

提问——让最难对付的顾客开口说话　/95

赞美——拉拢顾客的感情　/102

引导——控制顾客的思维，推动成交　/113

第五章　销售开局

为什么总是热脸贴冷屁股　/120

生意不好时，导购应该最忙　/122

除了抱怨，这六件事做了吗　/123

招呼顾客的三种方法　/125

招呼顾客的九字经　/130

接近顾客的妙招　/135

目录

第六章 读懂顾客

好货品未必卖得好 /140

成功的导购,做得像医生 /142

你看到的,才是真的 /146

成功销售,赢在定向 /147

想方设法留住顾客 /148

第七章 塑造货品价值

热爱货品,信任货品 /154

聚焦顾客,关心顾客 /155

使用 FABE 技巧介绍货品 /158

货品介绍顺序很重要 /160

顾客体验增加货品价值 /161

如何包装高档品 /164

善用成套销售,提升客单价 /168

做大连单,一定有方法 /172

第八章 如何清除异议——解决问题,巩固需求

顾客为什么有异议 /179

不对症,怎能下药 /182

处理顾客异议,只要四步 /186

顾客为什么爱杀价 /190

别过早报价 /192

感觉值，才是真的值 /195

利用阶梯报价法让顾客感觉你尽力了 /197

如何少降价，照样开单 /200

第九章 如何快速开单——临门一脚，精准命中

把握开单时机点 /205

掌握成交的秘诀 /206

成交后如何避免顾客悔单 /209

索要客户的联系方式 /213

第十章 如何挽留顾客——做好服务，不离不弃

销售没有终点 /219

真正的服务令顾客感动 /221

做对手不敢做的事 /222

顾客给我们的最后机会 /225

前言
FOREWORD

大家都抱怨生意难做，尤其近几年，零售业步入了寒冬，各行各业的零售终端都经受残酷的考验，有的店铺在挣扎中寻求突破，有的店铺在挣扎中慢慢灰飞烟灭。

试问，那些在寒冬中艰难挺立的店铺，其老板为什么还要坚持开店呢？你可能会说：想赚钱嘛。

可如今的市场，赚钱何其难呀。其实，他们坚持开店，更多出于一种责任，也是在接受挑战。如果在市场最冷的时候依然可以屹立不倒，那就是一种能力的证明，不是吗？

老板在最难的时候没有放弃，依然把价值几十万元甚至上百万元的店铺交给你，这是一种信任。面对老板的信任，你帮老板赚到钱了吗？如果你能够帮助老板赚到足够多的利润，那恭喜你，你的价值足以让你获得丰厚的薪水。可问题是怎样才能帮助老板赚到足够多的利润呢？

提升营业额可以吗？不一定。现在卖场促销打折成风,成本费用又实在太高,最后营业额是提高了,利润却可能没有多少。所以,在店长培训课堂上,我经常强调:如果少打折就可以把东西卖出去,为什么我们还要做频繁的促销活动呢?

降低成本费用可以吗?也不一定。货品、房租、工资及管理费用不涨就不错了,已没有多少降低的空间。在经销商订货会培训上,我一直向经销商、代理商们强调一个观点:越是生意难做的时候,我们越要逆向经营。也就是说,我们不但不可以过分压缩成本,反而要在人才、推广及学习等方面加大成本投入。事实证明,越是逆向经营的老板,生意往往做得越好。

那我们到底应该怎么做,才能让店铺赚到足够的利润呢?

根据对中国零售卖场二十多年的研究和理解,我认为,在降低成本费用空间有限的情况下,每个品牌都应该把自己的发力点定位到最基础的单元——店铺。哪个品牌可以真正做好零售,把店铺业绩做起来,它就可以赚到足够多的利润。所以,今天的品牌竞争,将回归零售本质,所有的竞争都不应该在天上飞、在海里游,而应该踏踏实实地落地。

每位老板都希望门店日进斗金,每位店长都希望月度目标轻松完成,每名导购都希望业绩芝麻开花节节高。这些都是美好愿望,可如何达成呢?

其实,门店经营是个系统工程。一家盈利的门店一定是有诸多有利因素助益的，比如商圈选择、货品结构、市场状况、店铺服务、团队管理等。

不过，我认为店铺服务是对门店业绩影响最直接且最持久的因素。因为顾客光临卖场，不仅希望买到物美价廉的商品，更希望感受到温馨舒适的氛围、享受到体贴入微的服务。这种感觉很多时候不只靠硬件的堆积，更要靠店铺服务的支持。

近年来，中国零售门店管理人员的管理水平与经营意识确有长足进步，许多企业在品牌推广上越来越大手笔，店铺装修越来越漂亮，旗舰店一个开得比一个大。但我个人感觉，店铺服务水平一直是门店最大的短板，在很大程度上制约了卖场的服务质量、品牌形象及销售业绩。

所以，我们在零售培训上，其实还可以再转变一下思维观念，不要把零售培训作为渠道洗脑的工具，不要让零售培训停留在表面形式上。请让培训回归本质，零售培训就是要帮助零售终端提升竞争力，教会导购如何更好地赚钱。

第一章

做标杆店铺，这些你得懂

导购，你在为谁工作

上海工艺大师家具有限公司（以下简称"上海工艺大师"）聚焦高档软体沙发市场，我给其全国经销商做过培训。培训课程结束后，有位来自江苏的店长找到我说："王老师，我们店是新开的，老板平时很少来店，很多事情基本上都是我在打理，我对这家店的付出很多。只是我觉得自己这么辛辛苦苦地工作，每个月拿那么点儿工资，有时候心里确实有点儿不平衡，我何必这么辛苦呢？"

其实，抱有这种想法的员工还真不少。这位店长还算比较好的了。有的导购无时无刻不在抱怨，他们抱怨门店位置太差、货品太烂、竞争对手太强大、老板抠门、同事小人得志，甚至抱怨自己运气差。当我问他们是否想改变一下时，几乎每个人的回答都惊人地相似：将就着过吧，做一天算一天，反正现实就是这样，到哪里去都是给人打工，也不是我一个人可以改变的。

我在与上海工艺大师深度合作的过程中调研了他们的门店，也接触了许多优秀的店长、导购，经过与他们的沟通，我终于明白为什么他们的收入比普通导购的收入高一两倍了。我发现，其实他们与普通导购最大的差别是工作态度。

金牌店长与销售冠军始终抱着这种工作态度：我不只是打工者，我就是老板，我要全情投入并且对我所做的事情负责！而那些对收入总是不满意的员工，常常抱着打工者的心态，总觉得别人欠自己的太多，所以工作时总是马马虎虎、得过且过。正是这两种不同的工作态度，最终导致了截然不同的工作结果和职业命运。

请认真反思一下，你到底是在为谁工作呢？

如果你是老板，你愿意聘请现在的自己吗

知名服装品牌 ELLE HOMME 曾邀请我给他们的员工做全国订货会培训。在课堂上，我问一位店长："你的店上个月总共卖了多少单？"她回答说："王老师，上个月是淡季，业绩不怎么好，只卖了50单。"我立即追问："假如你就是这家店的老板，你觉得上个月你的店铺可以卖多少单呢？"她脱口而出："王老师，我估计100单都不止！"其实，这个问题我在全国各地的授课现场或做实地带教的时候都会问，得到的结果几乎都是：如果自己是老板，自己会为了提升店铺的业绩而加倍努力。

是呀，如果我们给自己做事，我相信每个人都会百分百地投入。所以，如果你一直像老板一样卖命工作，不计回报地付出，店铺业绩自然会有所提升，你的奖金、提成自然更多，而且，总有一天，你的努力会被老板发现，你会获得老板和同事们更多的尊重与信任。

所以，工作给你的回报不只是工资。通过工作，使自己不断得到能力提升、经验积累、人格磨炼，并养成优秀的工作习惯，这些将让你一辈子受益！

对于这样的金牌店长和销售冠军,老板总是千方百计地以更丰厚的待遇来留住他们。他们即使跳槽到其他企业,也会受到新东家的欢迎,因为每位老板都希望招聘到如此优秀的员工。如果有一天自己去创业,他们也将是成功的老板,因为他们在以前的工作中,就已经具备了老板应该具备的能力!

所以,请冷静地思考一下,扪心自问:我过去是否像老板一样在工作呢?如果我是老板,我还是像以前那么做事吗?如果我当了老板,我会聘请现在的自己吗?如果答案是否定的,那请从现在开始,立即调整自己的工作态度吧!

抱着打工心态,只配一辈子打工

如果一个人总抱着为别人工作的态度,他在工作中会有克服困难的勇气吗?他会在店铺里投入全部热情吗?如果他没有坚守的勇气,也不愿百分百地投入热情,在工作中难免得过且过、马马虎虎,最后的结果就是,销售业绩下滑,个人收入亦不会很理想,久而久之,也难逃老板的责备。

更严重的是,一旦养成这种不好的职业习惯,以后无论到哪家公司任职,他都不会得到好的发展,因为老板都不喜欢不负责任且偷奸耍滑的员工。所以这样的人经常跳槽,很难找到稳定的职业归宿。

做零售工作的人,最需要将心比心。试想,如果有一天你做了老板,你会招聘这样的员工吗?你会给这样的员工更多的薪水与信任吗?由此可见,抱着打工者的态度去工作,表面上好像自己占了些便宜,但其实受到最大伤害的却是自己。

有名老工匠修建了一辈子房屋。有一天，他向老板提出辞职。老板看他去意已定，就对他说："再给我盖最后一栋房子吧，房子盖好的那一天你就可以离开了。"老工匠点头答应，并立即开始工作。可他的心早已不在工作上，为了追赶进度，他在很多细节上马马虎虎，这里少放一块砖，那里少钉一颗钉，最后很快盖好了房子。老板验收完房子，微笑着对老工匠说："你跟着我工作这么多年，我决定把这栋房子作为礼物送给你。"

　　老工匠顿时傻眼了。他心里想：真丢人呀，一辈子盖了那么多房子，没想到给自己盖的房子却这么糟糕，早知道老板要把这房子送给自己，我绝对不会这样盖，如果一切可以重来，我一定要给自己盖最好的房子。可是，一切真的还能重来吗？

我们今天用什么样的态度面对工作，未来就会过什么样的生活。而且，和故事中的老工匠一样，如果做得不好，我们也不可能有后悔的机会！

　　所以，我经常和学员们说：如果不希望自己一辈子收入微薄，如果不希望有一天连今天这份工作都难保，如果希望自己有尊严地工作，如果希望父母和孩子都过上有品质的生活，那么，从现在开始，我们要立即转变观念，立即抛弃那种"到哪里都是给别人打工"的错误想法。否则，有一天我们真的可能连手中这份工作都会失去。

　　如果你希望拿到更高的薪水，如果你希望每天都快乐地工作，甚至有一天可以自己创业做老板，那就必须告诉自己：我要像老板一样去工作，因为工作给我的除了薪水，更多是自身经验的累积和能力的提升。

先改变职业观念，后拥有精彩人生

每个人都希望自己拥有精彩的人生、过上高品质的生活，可是精彩人生不会凭空找上门来。那些职场成功且人生得意的人之所以拥有令人羡慕的今天，是因为他们拥有不同寻常的人生态度和职业观念。

1. 无论为谁打工，要为自己学东西，同时为公司创造价值

那些职场得意并深受老板器重的人跟别人最大的不一样，就是他们从来不觉得自己是在给别人打工，而是在为自己干。他们干任何一件事首先考虑的是：我通过干这件事能学到什么东西，学到的东西是别人夺不走的，所以，我是在为自己工作，同时也给公司创造了价值，这是双赢的结果。

2. 收获与投入成正比，应付工作就是在浪费生命

如果老板把一件事交给你，你应付交差，那真的很容易。可你不觉得这是在浪费生命吗？一件事你把它做到60分就满足了，虽然很轻松，可每天重复，你怎么进步呢？

人离开了学校之后，学习不再是上课、读书，而是通过你在工作中做事情来积累自己的经验。优秀的员工，他们有不服输的性格，再普通的事也要做得比别人好，要做到超出大家的想象，要花很多时间、很多精力，但最后他们自己的收获是最大的，因为他们下了功夫。记住，收获和投入是成正比的。

3. 混日子实际上是混自己，而且越混越难混

如果你混日子，对不起，实际上你是在混自己。其实，你能混老板多少钱呢？你年薪5万元，混10年也就混了老板50万元。可是你10

年不好好工作，荒废了 10 年，突然有一天公司倒闭了，或者老板把你辞退了，你怎么办呢？你觉得自己有竞争力吗？所以，混日子的人，最后一般都没有什么好日子。

4. 不喜欢公司就赶快离开，留下就要全力以赴

如果觉得真不喜欢这家公司，不喜欢老板，那就赶快辞职，不要浪费自己的生命。当然，如果你决定留下，拿着老板的薪水，就应该死心塌地地帮助老板把事情做好，这样既对得起老板，也对得起自己。如果你手里拿着老板的钱，嘴里骂着老板，也不尽心尽力帮老板做事，那你走到哪里都不会受欢迎。

这样的员工，老板一定会重用

什么样的人最容易得到老板的重用？

1. 能始终跟着团队一起成长的人

能同甘共苦、跟着老板和团队共同奋斗的人，是老板最珍惜的人。不要贸然跳槽，无论你遇到多大的压力，为了未来的机会，你要坚持。

2. 对团队的前景始终看好的人

遇到任何风险，始终看好自己选择的团队，热爱自己的团队，这样的人珍惜团队，团队也会珍惜他。

3. 在团队发展中能找到自己位置的人

这样的人一心想着为团队尽心尽力，能找到自己最能给团队成长奉献力量的位置，并且做好自己的工作。

4. 为了团队新的目标不断学习新东西的人

不爱学习的人，哪怕再热爱团队，也会有力量枯竭的时候。为了团队成长，我们首先自己要成长。

5. 抗压能力强且有耐性的人

这样的人可以促成团队的成功，更可以承担团队的压力。在团队遇到困难时，这样的人往往不离不弃。

6. 不计较个人得失、顾全大局的人

这样的人会与团队同心同德，不会过河拆桥，更不会忘恩负义。

今天怎样工作，明天就怎样生活

如果你总是觉得自己只是被动地给别人工作，你可能一辈子都只能给别人工作。如果你能够主动转变思维，让自己像老板一样主动工作，你就可以真正主宰自己的命运，你的未来也差不到哪里去。

那到底应该怎么做，才算是具备了老板的工作心态呢？在此，我想从五个方面展开。

尊重自己的职业，才能干好手里的工作

2014 年夏天，我受邀给七匹狼男装做了两场千人订货会培训，有位

山东的加盟商对我说："王老师，我店里的导购离职率比较高。"我问为什么，她说："很多女孩子害怕做导购太久影响嫁人。"

乍一听是不是很可笑呢？但在我们身边，确实存在部分导购看不起自己的职业，觉得做导购是件很丢脸的事。他们当导购，也只是把这份工作作为一种过渡，他们内心对这份工作根本没有热爱，也从来不认为这份工作值得自己长期去做。

一个连自己的工作都不喜欢的人，怎么可能对工作有热情，又怎么能把工作做好呢？

诚然，店长，尤其是导购，收入不太高，但这个职业绝非没有前途。我们身边有很多优秀的老板，其实都是从店铺基层导购做起来的。

并且，导购工作也并不是任何人随随便便就能做好的。要成为销售冠军，我们需要了解顾客心理，具备沟通、陈列搭配及销售技巧等多方面的知识。

其实，每份工作都有自己的价值。你不妨扪心自问："这份工作，我称职吗？"如果答案是否定的，如果你连导购都做不好，那你有什么理由好高骛远，又有什么资格轻视这份职业呢？

当然，如果你能够真正把这份简单的工作做好，你就不简单、不平凡，即使未来你不在服装行业、不卖家具，改做其他行业，也会一样优秀。

再说，导购工作比较适合女性来做，市场需求量也很大。现在很多品牌，无论是家居建材还是鞋服珠宝，它们都意识到了高素质的店长和导购是何其重要，所以终端零售人才越来越受重视，他们的待遇也会越来越好。在目前就业形势异常严峻的情况下，导购对女性来说不失为一个很好的职业选择。

所以，请沉下心来，认真对待这份职业并用心把它真正做好。要知道，一个人一辈子真正做好一件事真的不容易！如果你真正做好了一件事，我想一定会有更多、更好的机会在等着你。如果你希望通过自己的工作拿到更多的收入并且改变自己的命运，你必须首先正确认识自己的职业。

与其不断抱怨，不如解决问题

商人买了两匹马做搬家生意。在载货时，白马总落在后面，影响了搬家的速度，商人就从它身上拿一些货物放到前面的黑马身上。可白马速度依旧，于是商人又拿下一点东西，直到最后白马身上的货物全部搬到黑马身上。白马得意地偷着乐：黑马，让你逞能吧，你能干就折磨你，哈哈，看我多轻松！

当货物搬到目的地后，精明的商人开始算计了：白马不能干活，我每天还要给它喂食，何苦呢？不如将它宰了，还可以卖些肉钱。于是，第二天商人就把白马杀了。

这个故事告诉我们，一个人在其位就要谋其事、尽其责，遇到问题要有能力解决问题，否则就失去了存在的价值。销售工作中难免会遇到这样那样的问题：库存大、货品不尽完美、竞品打压及顾客抱怨等。此时，你是怎么想的？你又是怎么做的呢？

优秀的店长、导购在面对此类问题时，知道证明自己价值的时候到了，他们会千方百计地帮助老板解决问题，所以他们往往能够更主动地承担责任，也往往可以得到老板更多的信任。他们经常这样与老板沟通：

"老板，这个月业绩不好，主要是进店客太少，下个月我们要……"

"老板，这个月业绩不好，和我们的陈列没做好有关系，下个月我们要……"

"老板，这个月脱销与库存情况都比较严重，是因为我们对有些货品不熟悉，我们将……"

"老板，我建议，我们下个月可以在……做些调整，您觉得怎么样？"

发现没有，他们遇到问题的时候，都在主动想解决问题的办法。这才是积极的方式，老板最喜欢具有这样思维意识的店长和导购。

工作做得不好的导购，他们经常这样和老板沟通：

"老板，我们的牌子推广不够，知名度不高，东西又贵！"

"老板，对面做活动抢了我们很多生意，所以我们业绩不好。我们也做活动吧？"

"老板，我们的这些货款式（颜色）不好看，顾客都不喜欢。"

"老板，我们店位置太偏了，一天都没有人进店。"

"老板，今年天气不好，该冷不冷，该热不热，都不知道该怎么卖了。"

"老板，现在的客人太挑剔了，越来越不好伺候了。"

你以前这样抱怨过吗？这样的抱怨会让问题得到解决吗？你的业绩会因为你的抱怨而提升吗？你的薪水会因此提高吗？如果都不能，那为什么你还要这样抱怨呢？

如果你也曾经甚至经常这样抱怨，那请赶快改变这种工作方式吧！在多年的零售培训及店铺带教中，我发现一个非常有趣的现象，那就是：常抱怨的人一般都不怎么样，少抱怨的人一般都很优秀。

老板雇用你，是希望你帮他解决问题，而不是来抱怨问题的！

请记住，我们经常抱怨的问题，都是我们该去解决的问题！

频繁跳槽不会令你变得优秀

2015年年初，江西法博尔男装邀请我做一次为期两天的培训，培训中很多加盟商老板反映店铺员工流动非常频繁。我想这种情况不只在江西，也不只在服装行业，其实对于各行各业零售店的老板而言，人员频繁流动都是一块心病。

有人因为待遇不高，干得没意思而跳槽。我认为，如果对薪水不满意，你应该先想一下是不是自己能力有欠缺。

试想，如果有一个价值5毛钱的馒头和一颗价值1000万元的钻石放在你的面前，你只有一次机会选择其中一样东西，请问你会选择什么呢？可能多数人的答案是钻石。那假设你在沙漠里已经5天没吃东西了，再让你选择这两样东西，你还会做出同样的选择吗？我相信此时绝大部分人都会选择馒头。

这告诉我们一个道理：只有能解决问题的东西才具有价值。作为导购，你不要怕自己被老板和公司利用。被"利用"，说明你有价值，就怕你根本没有利用价值。如果你"有用"，老板自然会加薪留你，其他公司也可能会出更高的薪水聘请你。

可是，我发现很多人都是在一家店混不下去了，迫于无奈才跳槽的，薪水没有变化甚至更低，当然更不会有公司来主动聘用这种"败军之将"。那这种跳槽就毫无必要了，也不会有什么好结果。

也有人因为店里工作氛围不好，干得不开心而跳槽。如果一个人爱岗敬业且有真本事，他到哪里都开心；如果一个人一身恶习且不学无术，他到哪里都不会开心。

所以，如果一个人频繁因为工作氛围跳槽，那他真的应该在跳槽前反思一下，为什么只有自己不开心呢？是不是自己也有需要改善的地方呢？

如果你希望得到更高的报酬，那就从现在开始，真正把老板交代的事情做好，把老板交给你的店经营好，竭尽全力帮助你的老板成功！老板成功了，你也就成功了；店铺赚钱了，你才能赚钱。即使你要跳槽，也要建立在这个基础之上。

那些看经营状况准备随时跳槽的朋友，老板生意好做的时候，你"哥呀姐呀"地叫着，现在老板遇到了重大的困难，你在想什么呢？你又准备干什么呢？

其实，在老板最难的时候，如果你能够主动留下来，和老板共渡难关，解决别人解决不了的问题，你不仅会成为老板最信任的人，也会是最有能量的人。

最后，送给那些频繁跳槽的人一句话：如果你够优秀，你不需要跳槽；如果你不够优秀，即使跳槽100次，你依然不会优秀。

看不起老板的人，难有好的职业发展

我为世友地板全国经销商讲授"如何成为优秀经销商"课程，在课程结束与学员互动时，有位店长讲起自己门店遇到的困难，将问题的矛头都指向外在因素——品牌影响力不够、货品价格太高、老板观念落后及下属能力欠缺等，对自己的竞争品牌则一脸羡慕欣赏。

为什么会这样呢？其实这与看问题的角度有很大关系。有的人看自己的老板总是带着挑剔的眼光，像拿着放大镜找毛病，越看毛病越多，越看越觉得不舒服，所以整天都和老板磕磕碰碰。可是，他们看别人的老板则都带着欣赏的眼光，像拿着显微镜去找优点，自然越看心里越舒服。

但你一定要明白，今天为我们提供工作机会的是我们的老板，给我们发工资的也是我们的老板。

当然，我们必须承认，中国现在的品牌专卖店建设还处于初级阶段，无论是家具、家纺、服装、建材，还是其他行业，品牌、店铺在发展过程中都会出现这样那样的问题，这些其实是大家共同的问题，任何企业在发展品牌专卖店的过程中都会经历这个阶段，说不定你隔壁店的店长和店员和你有同样的想法呢。

所以，千万不要看不起自己的老板，他能够成为你的老板，一定有值得你学习的地方。

也不要看不起自己所在的小店，它给你提供了积累工作经验的平台，并且，你还需要这个平台来养家糊口。再说了，只有经历过小舞台，你才会有机会站上大舞台。

更不要看不起自己经营的这个品牌。任何大品牌都是从小品牌做起来的。真正有能力的人把小品牌做成大品牌，没本事的人把大品牌做成小品牌。

总之，抛弃这山望着那山高的不切实际的想法，脚踏实地把自己店铺里面的事情做好，这才是提升自己身价的正确方法。

凭什么成功的是别人

每个人都希望自己拥有更好的事业和生活,可是为什么别人成功了,你还在原地踏步呢?为什么你就没有成功呢?

因为你随波逐流,不思上进;因为你畏惧父母、听信朋友,自己没有主张;因为你天生脆弱,只想按部就班地工作;因为你想空手套白狼,你想坐在家里等天上掉馅儿饼;因为你抱怨没有机遇,机遇来到身边的时候你又抓不住……

很多人想把握机会成功,但要做一件事时往往给自己找很多理由,让自己一直处于矛盾中,不断浪费时间,虚度时光,直到错过机会。

1. 我没有心情——错

心情好的时候去游玩,心情不好的时候在家上网聊天;心情好的时候去逛街,心情不好的时候玩游戏……反正就是不做正事,那么,成功的为什么会是你呢?

2. 我没有经验——错

很多人认为自己没做过这方面工作,总觉得自己能力不够,所以不够自信,还没有做,就开始自我否定。其实,有谁一出生就有经验和能力呢?有谁一毕业就是社会精英呢?又有谁一创业就马上成功呢?当别人很努力地学习、摸索、积累的时候,你做了一点儿就感到乏味了,学了一点儿就觉得没意思,看了几页书就不想看了,然后整天抱怨上天不给你机会,那么,成功的为什么会是你呢?

3. 我没有时间——错

你不是没有时间,而是浪费了很多时间。别人在努力工作时,你在看电影；别人在努力学习时，你在玩游戏。你羡慕别人赚了钱，却不学别人好好利用时间，那么，成功的为什么会是你呢？

4. 我口才不好——错

做销售确实需要口才，但是没有人天生就很会说话。其实我在做讲师之前也不是一下子就能出口成章的，这都是无数次准备和演练的结果！好口才是练出来的，如果你不努力，那么，成功的为什么会是你呢？

5. 我没有兴趣——错

小孩可以培养兴趣，但我们都是成年人了，靠兴趣养不活自己。再说，没有成就，谈何尽兴！没钱拿什么享受生活！如果你只按兴趣做事，对不感兴趣的工作应付了事，那么，成功的为什么会是你呢？

6. 我考虑考虑——错

很多人做事情拖拉，犹豫不决，总对自己说"还是明天开始做吧"，第二天又会继续拖延，犹犹豫豫，耽误了很多时间，还是一无所获。面对机遇，你不积极争取与把握，却总找各种借口，那么，成功的为什么会是你呢？

老板，你为什么要那么辛苦

现在，越来越多的家居建材及鞋服类企业逐步认识到转变经销商观念、提升终端能力势在必行，非常重视经销商的成长，所以，每年开订货会或经销商年会时，企业都会邀请培训师给经销商授课。但我发现，许多经销商在课间休息时最着急做的事情就是掏手机，低头回信息者有之，回拨电话远程遥控者有之，忙成一团，教室简直就像前线作战指挥部！我笑问他们何以这么忙，经销商们大多回答：没办法，什么都得自己操心！

是呀，确有部分店铺尚停留在夫妻店状态。店没做大时，夫妻两人采购、上货、销售、库管、收银一手抓，既当老板又当店长，偶尔还兼任导购和客服。店小事少时，也还能应付过去。现在事业做得稍有规模了，手下也有几十号人了，眼看可以轻松一下了吧，可老板要么觉得员工能力不够，要么觉得没几个员工值得信任，所以什么事还是亲自经手。这样的老板就像监工，每天要监督着员工做事才放心，员工也只有在老板的监督下，才会认真地做事。

在这种不信任的氛围里工作，员工的工作效率自然不会高，并且老板采用这种人盯人的管理模式，运营一两家店、管理五六个人还可以，但如果想将事业做大，势必很难，老板辛苦也就不足为奇了。

在二十几年的培训生涯中，我发现那些生意做得成功但仍然很谦虚的大老板有许多共同的优点，让我们看看他们都有哪些成功的经验可以被复制。

做事获小利，用人赚大钱

老王与小王一起钓鱼。围观者发现鱼特别好钓，于是纷纷租来渔具，可由于没有掌握正确的技巧，鱼很少上钩。此时，小王放下渔具，与他们商量："我可以教你们钓鱼，条件是每个人每钓到五条鱼必须分一条给我，你们愿意吗？"围观者皆点头应允。

于是小王做起了老师，这里指导一下方法，那里纠正一下姿势，不一会儿，小王的鱼篓就装得满满的。老王呢？依然一个人默默地埋头钓鱼。虽然他很勤奋，钓鱼的技术比小王还好，但他的鱼篓里只有几条鱼。

为什么更勤奋、技术更好的老王最后得到的不如小王多呢？因为老王是一个人在钓鱼，小王却是一帮人在钓鱼。这个故事告诉我们一个道理：老板要想把自己的事业做强、做大，就一定要具备正确的用人观。

所谓"大老板善于用人，小老板埋头做事"，说的就是下面的情形。大老板知道自己并非无所不能，所以他们特别注重整合资源并激发员工的积极性，每天都在思考如何吸引优秀的人才为自己服务，也愿意不断在员工培训上投资。小老板呢？他们确实非常勤奋，也很能干，但过于依赖自己而忽略了团队的力量，最后往往什么都得自己操心，什么都得自己做，辛苦一辈子，事业却总是难以做大。

所以，想做强做大的老板们，请搞清楚自己的角色定位：你是老板，做你该做的事情吧。

管理要有标准，更要有感情

如果要做一万个杯子，最简单、最快捷的方法是什么？首先做好杯子的模具，然后不断地复制。这就是连锁经营最大的优点——标准化复制，连锁化发展。

可能我们在做模具时会多花一些时间和精力，但这绝对值得，因为一旦做好模具，接下来的事情就将变得简单！反过来说，如果我们不做模具，而是一个一个手工去做，可能做出来的每个杯子都不一样，而且效率极低。

同样的道理，固化店铺标准化流程将让门店管理变得更简单、更规范，许多例行性的事情都可以按照流程分配到每个岗位，每个动作都有规定的标准来参照执行。从而把老板从繁杂的店铺管理中解放出来，让店员的工作更加正确、高效，也使店铺快速"复制"成为可能。

所以，经销商老板一定要在品牌企业的支持下，努力建立一套适合自己门店特点的店铺运营流程，这是从根本上做强、做大门店的保证。一旦制定了标准，任何人都应该接受标准的约束，这就是所谓的"对事讲标准"。

然而，标准化管理和服务固然重要，不过中国式管理最讲究的是人文关怀。

在我为上海工艺大师全国经销商及店长进行培训时，有位老板分享了她的亲身经历。

有位性格内向的导购连续三天迟到早退，按照公司规定，老板扣了她100元钱，并对她进行了严厉的批评。在这位导购离开公司后，老板通过与其他员工的交流才知道，原来她迟到是因为那段时间她母亲病危住院，为了多赚钱给母亲治病，她咬牙坚持工作，后来母亲还是离开了人世。导购很伤心，离开了那座城市。

老板知道这些情况后，对自己当初的决定懊恼不已……

这个案例告诉我们，中小型店铺的管理不可以死板地一味讲标准，要在不违反大原则的前提下灵活处理，尤其对员工管理，要注意方法的灵活性，这就是所谓的"对人讲感情"。事实证明，适当地对人讲感情，尤其适合那些在薪酬待遇及职业发展方面缺乏优势的中小型店铺。

试想，如果案例中的那位老板在导购家里有事的时候，不是不明就里地批评、罚款，而是主动积极地为导购代班，到导购家里去看望慰问，甚至动员员工募捐，那结果又会是什么呢？导购会辞职吗？导购日后工作会更加努力吗？其他导购看到老板这样对待家里出现困难的员工又会作何感想呢？

事事有人做，人人有事做

2014年冬季，我为四川德阳一家服装零售公司做培训项目。在店铺做前期调研时，有一件事让我印象深刻。有一对中年夫妇进店，女的去看衣服，男的一个人坐在沙发上玩手机。当时我就坐在他对面的沙发上，整个过程中，没有一位导购为他提供任何服务。后来上课时，我拿这个案例来分析。为什么会这样呢？其实就是店铺内人员没有分工。他们店比较大，一个班六个人，三个人一组，组内的三个人也没有明确分工，导致了这种情况的发生。如果这三个人有明确的分工，固定某个人负责陪同客及顾客的服务，我相信这种情况就不会发生。

店员间没有明确的分工协作，导致管理及工作效率低下。有些导购上班感觉无事可做，有时候即使事情来了，大家也是你看我，我看你，相互等、靠、要，极大影响了顾客满意度和开单率。

其实这与店铺管理理念关系极大。许多老板及店长认为，店铺人不多，没有必要把工作分得那么细。其实不然，只要有两人以上，就存在分工合作的必要，应确定相应的岗位权责，只有如此，才能让"事事有人做，人人有事做"，并且避免工作中的扯皮现象，也能把老板从救火的状态中解放出来。

零售卖场一定要做好精细化服务，想办法提高顾客在店率，提高客单价和成交率。要做到这一点，就要对零售服务流程和管理模式进行改善和升级。当然，这需要老板拿出魄力，逐渐在店铺内部实行公司化运作，并学会适当授权。如果什么事情都觉得不放心，觉得员工什么都干不好，自然什么都得自己做，而员工却无事可做，这样，怎么可能把事业做大呢？

招聘不来人才，培养才是王道

在多年的零售卖场培训经历中，我发现一个有趣的现象：老板太有能力的，员工一般实力都很弱。

> 李姐是西安一家服装商贸公司老板，做了二十几家专卖店，人非常能干，事业也开始走上规模。但李姐总觉得自己非常辛苦，员工什么事情都要请示她，什么部门都要找她拿主意。

我经常听到有门店老板抱怨：员工不行呀，所有事情只能我来做。

确实，如果员工不称职，老板自然就会很累，因为本该员工做的事情都由老板做了。老板要想把自己解放出来，首先一定要学会让员工变得称职，然后才是让员工慢慢地变得优秀。

但优秀或者称职的员工在零售终端极为匮乏，在二、三线城市更是如此。所以，老板应该学会双拳出击，招聘是左拳，培训是右拳。因为，优秀的导购很难通过招聘得到，即使招到，其成本也相对较高。所以，招聘只能作为辅助手段，更多的导购应该依靠内部培养。

内部培养虽然见效慢，但一方面可以提升员工的能力水平，另一方面弥补优秀导购难招的不足，并且通过内部培养成长起来的导购会更加稳定。实践证明，人才内部培养机制非常适合中国零售终端现在的实际情况。所以，从这个意义上来说，老板应该是名培训师。

但凡做得成功的店铺和公司，一般都拥有一个强势的团队。生意好的时候，店铺赚钱更多靠的是机会和产品，服务的作用退居其次。越是生意不好做的时候，越考验团队的战斗力，越需要我们在服务上多做文章，老板此时也越要在团队管理上花更多的心思。

有一句话，我上课时一直爱说，那就是：生意越是难做，越要舍得请更多的人，敢于用更好的人。我们在团队身上花再多的钱，从长久看都是只赚不赔的。

这几年，我一直在研究如何快速提升门店销售水平，如何快速复制销售冠军，打造标杆店铺。应该说，这是现在零售卖场急需提高的短板。因为，当店铺走向货品同质化、促销趋同化、顾客需求多样化，并且店铺客流锐减时，我们唯有提高每一单的接待质量，延长顾客的在店停留时间，增加顾客积极体验价值，才能提高客单价和开单数。这就对我们的店铺服务提出了更高的要求。

当然，培养自己的销售冠军绝非一蹴而就的事情，任何销售冠军也都不是学出来的，需要不断反复地学习、训练。我们的门店也需要一整套标杆店铺服务系统训练工具及实效手册,这样才可以真正提升零售卖场的服务能力。

店铺管理者如何树立权威

我经常对老板们讲:一家店的管理水平怎么样,不要看老板在店铺的时候员工在做什么,而应该看老板不在店铺的时候员工是怎么做的,因为这个时候你看到的都是最真实的情况。

老板不是监工,而应该是员工的支持者,这是许多高盈利门店老板的角色定位。因为他们知道,人们都不喜欢被别人监督着工作,那样工作也不会有很高的效率。优秀的老板应该学会不断为员工创造有利的工作条件,营造良好的人际氛围,当员工遇到棘手的问题时,为他们及时提供支持和帮助。

同时要记住,无论做任何事情,一定要以身作则,并且公平公正地管理团队,只有如此,才能慢慢树立自己在团队的管理权威和增强领导魅力。这种有领导魅力的老板无论自己是否待在店铺,员工都会按照同一个标准工作,这样,老板也将自己解放出来了,因为他们在用权威管理店铺。那些天天喊累的老板大多喜欢滥用权力,要么凡事亲力亲为,要么对员工实施严格的人盯人管理,搞得内部关系紧张,员工负面情绪很大,以至于门店业绩下降,员工跳槽率自然居高不下,科学管理更是无从谈起。

总之,作为一个老板或者管理者,你要管理好员工,首先自问一下,你管理好自己了吗?如果连自己都没有管理好,你有什么资格去管理团队呢?团队又为什么要服从你的管理呢?

严格要求,是老板对员工最大的爱

老板应该怎么做才是爱员工?是不是管理宽松一点儿、要求少一点儿、目标低一点儿、工资高一点儿、福利好一点儿,就是爱员工了呢?

如果老板真的爱员工,那就请老板去考核他、要求他、逼迫他成长。如果老板碍于情面,低目标、低要求,结果养了一群"小绵羊",这是对员工前途最大的伤害,因为这只会助长他们的贪婪、无知和懒惰。让员工因为你而成长,拥有正确的人生观、价值观,并具备良好的品行,这才是老板对员工最大的爱!

如果想带好团队,老板必须牢记:

(1)管理是盯出来的,技能是练出来的,办法是想出来的,潜力是逼出来的,不逼员工,员工就平庸。

(2)没做好就是没做好,没有任何借口。随便找借口,没理由成功。

(3)不是没办法,而是没有用心想办法。用心想办法,一定有办法。

(4)结果不好,就是不好。执行没有如果,只有结果。

(5)选择重于努力,成败在于选择。过去的选择决定今天的生活,今天的选择决定以后的日子。

(6)不要指望别人帮助你,要让别人需要你。

(7)不要带着问题去请示,要带着方案去请示。

(8)敢于负责任,才能担重任。简单的才是有效的。

(9)成功者常改变方法而不改变目标,失败者常改变目标而不改变方法。

(10)管理一定要严字当头。严肃的爱才是大爱!

别再干驱逐顾客离店的傻事

随着品牌和店铺的增多,顾客需求的持续萎靡,进店顾客数量大幅降低,如何吸引更多顾客进店成为很多店铺老板及店长头疼的问题。

只是,我一直觉得:客流量固然重要,但店铺不应过分追求客流。事实上,一家强大的店铺,它的业绩一定不是建立在过分追求客流的基础上的。如果你可以用小客流建立好业绩,那么,大客流是否出现就不显得很重要了。

何况,一旦商圈确定、店铺选址完成,店铺的顾客进店量基本就确定了,除非有诸如促销等特殊情况发生,否则店铺每日客流量基本不会有大的变化。我认为,店铺过分追求大客流并不现实,更现实的做法是,在小客流的基础上做好服务,增强顾客体验,从而做出大业绩。

不过,很多时候我发现,店员不但没有把顾客吸引进店,反而做了一些驱赶顾客离店的事情。有的朋友可能会觉得很惊讶:怎么可能呢?顾客就是上帝,我们恨不得使尽浑身招数把顾客留下,怎么可能驱逐顾客离店呢?

是的,我相信大家的出发点都是好的,但事实上,有部分店员确实在不知不觉中做着驱逐顾客离店的事,他们不明白是自己"说错了话,做错了事",只是茫然地望着顾客远去的背影开始感慨:现在的顾客太挑剔了,真是难伺候。

经过对零售终端二十几年的实地调研,我发现导购出现这种"说错话、做错事还浑然不知"的情况，一般有两个方面的原因，一是根本就不重视服务，二是知道服务的重要性却不知怎么去做。

忽视了服务的重要性

2013年，时尚女装品牌珂莱蒂尔邀请我做一个培训项目。培训开始前，我利用在全国各地授课的机会，顺便对其在各大中高端商场的专卖店及其竞争品牌的店铺进行了一次实地调研。其中，有一次经历让我印象深刻。

可能是快要打烊了，导购的心早就飞回家了。我也早有心理准备，微笑着询问导购一件拼貂的价格。导购可能觉得我是看着玩儿的——一个大男人看什么女装，也可能站一天很辛苦，她站在原地朝衣服瞟了一眼，就随口给我报了个价。

我故意对她说："太贵了，还有没有实惠点儿的？"导购故作惊诧："这个还贵呀，这个价格在貂皮大衣里算很一般的了，还有更贵的！"我依然微笑着对导购说："美女，可以打几折呢？"导购板着脸，冷静地甩了一句话："没折！要不你到隔壁其他店看看吧。"然后做出一副根本不想再理我的样子。

开门营业，我们不能选择顾客，我们能做的就是尽量适应并影响顾客。无论顾客买还是不买，不尊重顾客，让顾客没有好感受，都是最愚蠢的。

作为导购，我们一定要摆正自己的位置，要清楚"顾客就是上帝"，我们所做的一切就是要把顾客服务好。我们的工作做得如何，顾客最有发言权，他们才是最后的裁判者。不尊重顾客的行为只会把顾客驱逐出去，而最后受益的是我们的竞争对手。很多时候我们业绩不好，不是竞争对手打败了我们，也不是顾客打败了我们，而是我们自己打败了自己！

在店铺业绩不佳的时候，我们除了抱怨货品、客流及市场，其实最应该反思的就是服务是否做得足够好。如果我们的服务做得不是很好，那要想一想我们是哪里没做好，是没有掌握正确的服务方法，还是态度出现了问题？如果是我们的态度出现了问题，我认为那是最不能够被原谅的。

什么样的导购最不受顾客喜欢？一般有这么几种：

（1）话太多，而且不站在顾客的立场思考问题。

（2）欺骗夸张。这样的导购为了把东西卖出去，可以不择手段，给人一种不靠谱的感觉，很容易失去顾客的信任。要知道，销售的本质就是卖信任，卖信任就是卖你的人品。

（3）不负责任，成交后，就对顾客不理不睬；处理售后投诉的时候，推脱责任。这样的导购很难培养忠诚顾客，他们在一家店铺待的时间一般都不会太长。

（4）不注重细节，做事马马虎虎、大大咧咧，不注重顾客的感受，不关心顾客的想法，让顾客感觉不贴心。要记住，销售是一个细心的活儿。导购用心服务，才能打动顾客。

（5）缺乏耐性。面对顾客的反复询问，失去耐心，总是急功近利。

想做好，只是没方法

方法比想法重要。有的导购的出发点是好的，但他做事情的方法出现了问题，导致事与愿违。

有一次，我在成都双流机场候机，来到一家店堂宽敞、装修精美的高档男装品牌店。我看到有件红色夹克款式还不错，正当我准备翻看吊牌时，导购笑脸盈盈走地过来热情服务："先生，这是刚到的新款，卖得很好，您喜欢的话可以试一下。"

这种情况在你的店里发生过吗？你觉得这位导购这样做合适吗？在顾客看来，导购这句话的潜台词就是："如果您喜欢就试，试就表示您喜欢，喜欢的话您就要买。如果您不喜欢，您现在就不要试了，免得麻烦我。"如果你是顾客，你愿意冒着这么大的风险去试穿吗？

显然，这样做是不适合的，可是有多少导购在店里犯这种简单低级的错误呢？比如，顾客一进来我们就热情迎上去服务，脱口就问："先生，看家具吗？想买什么样的家具呀？"比如，顾客进店后到处翻看衣服，我们就步步紧逼地尾随并整理顾客弄乱的衣服。再比如，急切地对顾客说："女士，如果没问题，我现在帮您开票了，好吗？"等等。

当然，我理解导购其实也想把顾客留下来，但他们不知道应该如何与顾客沟通，他们一方面向老板抱怨没人进店，另一方面每天都在做着错误的事情，稀里糊涂地就把顾客"赶出去"，可他们还不觉得有什么问题。

所以，我经常在培训课堂强调：好的服务要有好的意识状态，但更要有好的方法。

获得顾客信任并不难

在一次上海工艺大师的全国经销商培训会现场，一位经销商问："王老师，现在的顾客越来越挑剔，有时候无论我说什么，他们就是不相信，我该怎么做呢？"

确实，如果顾客不相信你的话，即使你说上一万句，也是废话。做销售，首先需要推销的不是货品，而是你的品牌和你自己。先让顾客接受你及你的品牌，接下来，销售货品就会变得更加容易。所以，乔·吉拉德说：我卖的不是汽车，我卖的是我自己。

销售冠军一般都是获取顾客信任的高手，他们能成为顾客最信任的人，甚至和顾客成为生活中的好朋友。

那些业绩平平的普通导购，除了卖东西之外，好像就不知道该做什么事情了，所以，他们卖东西总是很辛苦，即使卖出去了，也是个小单，顾客复购率也低得可怜。

如果你希望自己业绩最好，那么你要推介给顾客的货品，不一定是你卖得最好的，也不一定是最新款的，更不一定是你最喜欢的，而应该是最能满足顾客需求的东西。

你一定要让顾客感觉到你是站在他的立场上的。同时，你一定要转变自己的销售观念，那就是：千万不要急于卖东西，而要帮助顾客买东西！

因为如此，你与顾客的沟通会变得更加简单和容易，你能够获得顾客对你的品牌及你个人的更大信任，最后持续成交。

很多业绩不佳的导购并不关心货品是否真正适合顾客的需求，也不关心顾客现在最困惑的地方在哪里、最需要解决的问题是什么，更不懂得在顾客进店时如何与之建立信任关系。他们一般都会急不可待地做推销，他们只想着做成眼前的生意，甚至为了完成短期的任务而不择手段地哄骗顾客，其实这样受到更大伤害的往往是他们自己。

当然，最后的业绩结果会证明，他们越这么想，顾客越警惕，生意自然越难做成功。

在这里，我分享两个真实的案例。

2005年，广东一家家具企业要做全国经销商年会培训，该企业营销总监邀请我给他们讲授"如何成为优秀家具经销商"课程。

培训结束后，这位营销总监执意邀请我吃饭。我们刚一落座，点菜员就递上一份菜单。营销总监热情地请我点菜。我习惯性地询问点菜员该店的特色菜品，点菜员几乎脱口而出："我们店的特色菜品有从南非空运过来的干鲍鱼，既新鲜又美味，点的人特别多。"我相信这道菜确实好，可我对这道豪华菜却并不买账，相反，我对她的动机产生了怀疑。其后，她又推荐了几道特色菜，可我基本上不怎么考虑她的推荐了，并且她越卖力推荐的菜，我越不会点，因为我已经不信任她了。

你是否也这样卖力地向顾客推荐过"鲍鱼"呢？其实，你越是想把东西卖给顾客，顾客越不会买账，总感觉你在忽悠他，这样要把东西卖给顾客是何其难呀。因为你有一样最宝贵的东西没有贩卖给他，那就是信任感。相反，你贩卖给顾客的是一种你最不希望看到的东西,那就是顾客对你的戒备心。

那我们到底应该怎么做才会更加容易获得顾客的信任呢?

2013年冬的沈阳,一场加盟商订货会培训结束后,有位老板热情邀请我共进晚餐。

当我们正准备点第四道菜时,点菜员插话了:"先生,我们东北菜分量足,您两个人点三道菜差不多了,我建议您点一个汤就好,不够再点,免得浪费,您说是不是?"听了点菜员这么温馨的提醒,我们也觉得有道理,于是按照她的建议点了一个汤,心里对点菜员也产生了些许好感。

后来,我们发现少了个下酒菜。就把刚才的点菜员叫过来,请她给我们推荐一道有东北特色的下酒菜。这个时候她推荐什么我们就点了什么,连菜单都没有看,吃完饭结账时才发现,最后那道菜价格最贵。

事后我不禁思考这样一个问题:为什么这位点菜员可以让我们不知不觉并且毫无警惕地多掏钱呢?导购应该怎么向她学习呢?其实,这位点菜员之所以能够获取我们的好感,就是因为她站在我们的角度来思考问题。

事实证明,导购越是站在顾客角度思考问题,越容易获得顾客的认同和信任。在销售过程中,尤其是耐消品销售,因为其销售金额高,购买周期长,参与购买决策的人员多,所以,导购更需要站在顾客角度做推介,抱着这种心态,才更容易做成单,做大单。

现在,请扪心自问,你在工作中有站在顾客的立场吗?你是真诚地帮助顾客买东西，还是掺着很多杂念向顾客卖东西呢？如果是前者，那很好，请继续保持，我相信你一定会收获喜悦和成功。如果是后者，那请立即转变自己的观念吧，因为只有如此，你才能够与顾客愉快地沟通，让业绩长青！

标杆店铺的四大管理工具

打造标杆销售系统，不但要做好销售服务，更要做好销售管理，好的销售管理可以保证销售服务取得更好的效率。那我们该怎样管控销售过程呢？这里分享四个管理工具。

设立时段目标

时段目标非常重要！如果你的店铺还没有设立时段目标，那就太落伍了！有很多店铺没有时段业绩的概念，自然也没有时段目标的认知。

当你的员工脑海中没有"12点我要卖到2000元"的概念时，那么他多半从10点钟开始就在想"中午我要吃点儿啥"，并且一直纠结到12点。12点过后呢？就会开始想"下班去哪里逛街""明天休息和男朋友去哪里玩儿"或"晚上吃点儿啥"。

店面销售，每时每刻都需要目标，不管目标是大是小。

设立时段目标的目的是提醒员工紧盯目标，团队有了共同的目标才会一起努力，为了达到目标而去使劲儿，彼此加油。

成交后要击掌

请问，店铺气氛的本质是什么？可能你会说：店铺气氛的本质就是店铺中的人际关系。那店铺日常工作中增进人际关系最快、最好的方法是什么？我认为，成交后击掌庆贺最能增强店员的相互认同感。

为什么这么说？因为提高肢体接触频率，是增进人际关系的重要途径。你可以试试，和一个人在半小时内击掌三次，你们的关系将会大大增进。

有一位店长，他苦恼于自己店铺没有热情的氛围，早会开得很好，但是一到上午 11 点左右，热情就开始冷下来，到下午 2 点几乎没什么氛围了，我给他出了这么一招之后，店铺氛围大大改善。

成交必击掌，这个动作很简单，却可以起到出乎意料的结果。击掌是对对方的一种认同，可以大大满足对方的成就感。成交之后有无击掌，对于当事人来说感受是截然不同的，特别是大单之后的击掌，感觉就是一个字——"爽"！而这种击掌也可以刺激其他人不甘落后的心态，促使大家相互比拼着去冲销量。

当然，在操作时要注意两个关键点：

（1）要至少和三个人击掌。如果店铺只有两个人，就相互击掌；如果店铺只有一个人，就在微信或 QQ 的工作群"炫耀"一下，要养成习惯。

（2）击掌要有力度，不要软绵绵的。

大单一定要分享

你们店做大单分享吗？可能有的朋友会问，为什么要做大单分享呢？

假如你有A、B、C、D、E共五家店铺，上午10点A店铺在群中公布了一个六件的大单，其他店铺的店长会怎么想？会不会激励一下自己的员工？员工又会怎么想？

过了半小时，B店铺也在群里公布了一个七件的大单，其他店铺的店长又会怎么想？他们会和员工说："我们也要想办法弄个大单露个脸啊，其他店铺都上榜了，我们店铺还没有成交呢，怎么办呢？大家说说有什么方法可以做连单、做大单呢？我们不能输给别人啊！"于是大家就开始研究如何做大单、做大连单了。

当然，大单分享一定要强调速度第一，完美第二。我们要以最快的速度公布最新的消息，传播最有效的方法，提供最具有时效性的心得分享。所以，你的文采可能不美，你的词语可能不华丽，这都没什么，大单分享的重点是：及时、有效。

对于大单分享的流程，我建议大家用记叙文的格式，即：时间、地点、人物、起因、经过、结果。只需要描述清楚发生的事实就可以了，同时写出做得好的关键点，如说对了哪些话让顾客进行了购买，当顾客快要离开的时候是怎样留住顾客的，等等。还可以写写有待提升的地方，如回忆刚才的那笔六连单，如果要让顾客买第七件，我可以做些什么？

业绩时段要播报

业绩时段播报，其实是一种跟进和督促时段目标的手段。每一时段向店铺的所有人汇报店铺的即时业绩，这相当重要，设定时段目标的作用能否真正发挥，全看时段播报能否持之以恒。

有的店铺有时段目标，却没有时段跟进和时段播报，那这个时段目标就形同虚设，因为员工不会去做领导不重视的事情。

什么叫领导不重视？领导没有跟进、没有督促就叫不重视。不管你的店有多大、多重要，地理位置有多好，你要执行的事情有多重要，一旦没有督促、没有跟进，就会没人做、没人管。

第二章

标杆销售，就得这么做

张先生是我的忠实读者，他在任爱慕内衣西南大区总经理时，有一天约我在成都的一家茶楼小聚聊天。当时他问我："王老师，您觉得什么是称职的店铺导购？"记得我是这样回答的："做自己该做并且有益的事是称职，做自己不该做并且无益的事是失职。"

可能有些朋友不理解，甚至有的朋友认为做导购特别复杂，总觉得自己可能做不好这份工作。称职的导购到底应该做什么样的事呢？不称职的导购又是怎样做事的呢？

距离销售冠军，你还差多远

我经常收到一些读者留言，他们确实想把工作做好，但感觉无从下手，或者不知道自己应该怎么做才可以成为销售冠军。他们经常有这样的困惑：顾客来了四次，为什么还是不能成交？我是不是不适合做这份工作呀？为什么我一个月只能拿1000元？为什么同事的薪水比我的高得多？我应该怎么做才可以拿到5000元的月薪呢？

根据我对零售终端多年的调研,我发现普通导购与销售冠军在许多方面都表现出很大的差异。销售冠军在以下几方面表现突出,各位不妨将其与自己现在的表现进行对照,或许就可以找到改变的方向。

爱学习,求进步

江西萍乡有一位老板,有一天给我发微信:"王老师,我想再开一家店,所以在老店里提拔一名导购当店助,想培养她做新店的店长。可她不愿意,觉得还是做导购舒服些,怎么办呢?"

其实,爱学习、要进步是很多销售冠军的共同特点。虽然平时工作也很忙,但他们仍然会抽出时间来学习。他们经常去书店购买销售技巧、商务沟通及色彩搭配等方面的书籍。

他们在工作中随时抱着学习的心态,不断总结成功的经验并及时吸取失败的教训。即使在休息的时候,他们也会去逛逛竞争对手的店铺,学习同行好的做法。所以,他们专业扎实、知识全面,在销售中游刃有余,业绩自然就好,拿到的薪水也比别人高。

那些普通导购则凡事安于现状,遇到问题不求甚解或者能推就推。他们很少读书,更不会主动学习,甚至老板掏钱让他们学习,他们还会不乐意。他们休息时要么上网,要么睡觉,整天愁眉苦脸,总觉得做导购是一个很无奈的选择。

他们总是看不起导购这个职业,也从没想过要把这份工作长久做下去,更不会主动去学习如何做好这份工作,最后他们总是抱怨自己薪水少,埋怨老天不公,指责老板抠门,仿佛自己是这个世界上最无辜的人。其实,原因出在谁身上,显而易见。

请你冷静地问问自己：你一个月有多少时间用在学习上呢？你一年买过几本专业方面的书呢？如果你在这方面的付出微不足道，那又有什么资格抱怨自己拿得太少呢？

一个不爱学习的人，无论多么聪明，也很难成功。一个不爱学习的人，不会有好的思维方式，事业上也不会有大的发展。

所以，不要抱怨自己为什么只有那么点儿收入了，不要抱怨为什么顾客这么难伺候了，不要抱怨为什么东西那么难卖了，不要抱怨为什么自己业绩总那么差了。先问问自己，你把工作做好了吗？你是一个爱学习的人吗？

态度积极，工作主动

服务是一面镜子，你怎么给顾客服务，就会得到顾客什么样的回应。

去一家店做调研时，我首先会看这家店铺的员工的情绪状态如何。一般来说，员工工作积极主动、卖场氛围活力洋溢的店铺，业绩大都不会太差，而那些员工士气低沉、消极被动的店铺，一般都业绩不佳。

如果你仔细观察就会发现：销售冠军在工作中总是表现得积极主动，他们接待顾客时浑身充满活力，脸上没有一丝忧愁，他们洋溢着自信，总是主动为顾客提供温馨的服务，这一切都深深地感染着顾客，顾客自然也更有可能给予积极的回应，所以，他们的业绩总是店里最好的。

普通导购则恰恰相反，他们总觉得自己拿这点工资，根本没有必要为老板卖命，认为凭自己的条件为什么要看别人的脸色，所以他们在工作中总是得过且过，整天拉着个苦瓜脸，好像顾客欠了他们多少钱似的，给顾客的服务也是说一下动一下，这样的导购怎么可能做出很好的业绩呢？没有好的业绩怎么可能有高的工资呢？最后他们就陷入了恶性循环，不能自拔。

请回想一下你所追求的目标，再看看你以前所付出的努力吧。如果你确实不够积极主动，那高业绩、高薪水、老板的信任及晋升的机会是不会主动来找你的。如果你总是希望得到更多，却不想付出更多，那你注定只能在抱怨中收获失败。

要为成功找方法，不为失败找借口

你觉得店里最难对付的是什么样的顾客？

可能你会说：不说话的顾客。那为什么顾客不说话呢？

可能你会说：或许他今天根本不想买东西，或许他是因为等人太无聊才进店里随便逛逛，或许他觉得我们东西太贵，或许他没有那么多钱，或许他觉得东西不适合他，或许他根本就是竞争对手派来的探子。

发现没有，你一开始就给自己找了无数个顾客"不是"的借口，并用这些借口不断地给自己催眠：不用理睬他，他今天根本不会买东西。

普通导购经常这样寻找自我安慰的借口，他们把顾客不理睬自己的原因归到顾客身上，从而忽略了自己的问题，并不断地原谅自己。他们对自己都特别好，根本不会为此去想办法改变，只是任由这样的情况每天在门店发生。

再来看看销售冠军是怎么想的、怎么做的吧。他们会想：是不是我刚才有什么地方没有做好？我打招呼的方式有什么不妥吗？我是不是太热情了？……他们总是不断地找自己的原因并加以改变，从而让类似情况在日后的工作中越来越少出现。

由此可见，销售冠军与普通导购面对同一个问题的思考角度截然不同，心理学上把这种思考方式称为"归因"，不同的归因角度最后导致不同的结果。其实，衡量一名员工是否优秀，首先就要看他面对问题时是如何归因的。

为失败找借口不会让问题得以解决，只能让自己暂时回避问题。积极找方法去解决问题，才会让我们强大。如果你想成为销售冠军，那你要永远记住：你既然是来工作的，就要为老板多思考，多解决问题。这样你才可能在众多同事中脱颖而出，被老板另眼相看，你也才可能得到一份满意的薪水。

最后，我想送给大家一句话：总是抱怨问题的人注定只能成为失败的弱者，解决问题的人才能成为受人尊重的强者。

顾客最喜欢这样的导购

顾客喜欢什么样的导购？销售冠军是怎么做的，为什么顾客喜欢在他们手里买东西？通过观察分析销售冠军接待顾客的方式方法，我发现，销售冠军具有下面五个方面的特征：

（1）有礼貌是底线，待客要适度热情，不说大话，善于倾听，换位思考，善于理解别人。

（2）具有利他心，为顾客的利益考虑，时常能给出好的专业建议；不牟取不正当利益，绝不会为了成交而欺骗顾客；绝对不会把不适合顾客的货品推荐给顾客，还说出虚假的赞美。

（3）即使面对顾客的拒绝，仍然很有礼貌，不会为了暂时不成交就失去对顾客的尊重。

（4）经常主动关心和帮助顾客。成交之后，服务才刚刚开始，绝对不急功近利；让顾客满意是底线，让顾客感动才是最高要求。没有形成转介绍的销售，都是失败的销售！

（5）具有专业的知识，能解答顾客专业性的问题，给顾客最好的产品解决方案。

主动引导顾客朝购买的方向前进

正在阅读本书的朋友，如果我问"你搞懂什么叫'导购'了吗"，你会怎么回答我呢？

可能你会觉得我太小看你了，这么简单的问题都拿来问。还别说，我就经常在培训课堂上问学员这个问题，令我遗憾的是，到现在为止还没有多少人能给出令我满意的回答。

几乎95%的学员都会告诉我，"导购就是引导顾客购物的人""导购就是把东西卖出去的人""导购就是帮助顾客买东西的人"。其实，他们的理解也有一定的道理，但都不全面，如果导购按照这个理解来与顾客沟通，将直接导致与顾客关系对立、销售效率下降，这就可能让卖场每天或者每周少卖一两单。

做终端销售，如果没有理解"导购"的真正内涵，会走一些弯路。事实上，中国有很多零售门店曾经或者正在走弯路。

在上海工艺大师的零售终端调研时，有学员咨询："王老师，我前几天遇到这么件事，有位顾客对东西满意，都准备付款了，却被一位路过的客人顺口否决了。此时，我们应该怎么做才合适呢？"

不知道你在工作中是否也遇到过此类问题呢？如果遇到过这类问题，你是否也曾经用过下面的应对方式与顾客沟通呢？

错误应对

导　购：李女士，这套沙发确实很适合您家，并且卖得也很好，您觉得怎么样？

顾　客：嗯，你们沙发的质量和款式我都很满意，但我感觉你们的价格比××贵，如果再便宜500元我就买了。

导　购：李女士，我们的沙发确实比您看过的××贵一点儿，但您也知道，沙发要长期使用，所以除了比较价格以外，质量怎么样其实更重要，您说是不是？

顾　客：那当然也是了……（注：顾客面露犹豫之色，眼看可以开单了。）

闲散客：这套沙发不好看……

导　购：女士，您觉得这套沙发哪里不好看呢？（注：导购快步迎上并准备"战斗"。）

闲散客：……（注：顾客听完闲散客的评价后，决定再考虑考虑，离开了。）

案例中的导购最后为什么失去了眼看就要成交的机会呢？这名导购在遇到闲散客的评价时，不但没有引导顾客朝着有利于成交的方向前进，反而去询问闲散客"哪里不好看"，这样做的结果就是进一步引导闲散客说出家具的缺点，比如款式、风格、材质、价格及服务等方面的不足，而这些对成交显然不利。这些话说得越多，顾客跑得越快。

导购的错误做法，无意中把顾客赶出了门店。

那到底什么叫"导购"呢？我认为导购就是主动引导顾客朝购买的方向前进的人。

基于这个概念，如果想要做好导购工作，快速提升门店业绩，你就要把握两个关键点。

主动引导

如果你想要业绩飙升，就一定要学会主动工作。用心观察一下，你就会发现：销售冠军都是做事主动灵活的人；业绩不佳的导购大多做事被动拖拉，行动消极迟缓。

做销售不可能不遇到问题，关键是，遇到问题后你能否主动引导顾客朝有利于成交的方向前进。

生意是否成功，固然与货品质量、服务好坏及价格高低等有关系，但我认为，其与导购是否主动积极地工作，关系更为密切。很多导购很多时候都在做自然性销售，他们工作中有太多的被动和等待，他们总觉得顾客要买就会买，如果顾客不买，自己再怎么主动也没用，这种想法非常错误。

方向正确

"先生,这套产品您还有什么不满意吗?"

"如果没有什么问题,我现在给您开票了,好吗?"

这样的话你是否说过?

毫不客气地说,在零售门店里,不少导购都是在稀里糊涂地工作,每天都在努力地做着错误的事情。

其实,这也不能完全责怪他们,并不是他们不想把事情做好,而是他们根本不知道应该做什么或者应该怎么做。

请问顾客是被谁说服的?有的导购可能会说:当然是我们。这就太高估自己的力量了,其实真正说服顾客的是顾客自己。导购所能做的只是不断地引导并持续推动顾客走向有利于成交的方向。这个方向一定要正确,既让顾客感觉不到你有很强的目的性,又可以最终达到你的销售目标。

因此导购要尽量努力去做有利于成交的事情,少做或者不做不利于成交的事情。

现在,我想用本书中"导购"的定义来重新处理一下上述案例。

首先,镇定自如不失态。一旦闲散客被激怒,问题将变得更难处理,也会让顾客认为商品真的有问题,否则导购为什么如此生气呢?最后的结果可能是两个人都不买东西!所以导购绝对不要有任何失态的语言与行为,并努力树立自己在顾客心目中的好形象。

其次,真诚感谢巧转移。因为闲散客对成交结果有消极影响,所以不可以也没有必要在他身上花费更多的时间,此时可巧妙地将闲散客支开,这才是处理该问题的关键。真诚感谢是为了增强顾客对我们的好感，同时给闲散客离开的台阶，这样的冷处理方式也可以转移问题焦点。

最后，调整重心树形象。顾客才是当天最有可能产生购买行为的人，他永远都是导购工作的重心。导购在不得罪闲散客的情况下，可以通过提问引导顾客思维，树立自己的专业形象，并让顾客感觉到闲散客的观点其实不重要，重要的是自己使用中的实际感受。

实战演练

导　购：李女士，这套沙发确实很适合您家，并且卖得也很好，您觉得怎么样？

顾　客：嗯，你们沙发的质量和款式我都很满意，但我感觉你们的价格比××贵，如果再便宜500元我就买了。

导　购：李女士，我们确实比您看过的××贵一点儿，但您也知道，沙发要长期使用，所以除了比较价格以外，质量怎么样其实更重要，您说是不是？

顾　客：那当然也是了……（注：顾客面露犹豫之色，眼看可以开单了。）

闲散客：这套沙发不好看……

导　购：谢谢您的建议。请问您今天想看点儿什么？（注：导购立即过去将顾客和闲散客隔开。）

闲散客：……我看看沙发。（注：闲散客也可能不说话，导购要迅速支走她。）

导　购：小张，过来一下，这位女士要看看沙发，你给介绍一下吧。（注：此时闲散客被同事带开。）

导　购：李女士，鞋子穿在脚上舒不舒服只有自己清楚，何况每位顾客家里的情况都不一样，您说是吧？您来好几次了，我都把您当朋友一样，我是真心想服务好您。您现在买这款沙发确实非常划算，您看……（注：给顾客讲道理，尽量将顾客注意力引导到产品优点上去，这些对成交才是有利的。）

通过重新设计该案例的语言模板，我们发现全新的"导购"概念有多么重要。在零售终端工作的人一定要明白：导购，就是主动引导顾客朝购买的方向前进的人。购买的方向就是成交的方向。任何不利于成交的事，导购都要学会巧妙回避。这个概念非常重要，老板和店长要围绕这个概念去督导导购与顾客的沟通行为，导购要围绕这个概念去检查自己的行为是否积极正确。

做顾客一辈子的生意

上海工艺大师虽然不是国内最大、最好的软体沙发品牌，却是我看到的品质最高、款式最全、生存时间最长的品牌之一。上海工艺大师之所以可以在竞争激烈的沙发市场上生存得如此长久，与其董事长陈相先生的坚持与执着休戚相关。

陈相先生曾与我分享过一句话，我至今铭记心头。他说："我们上海工艺大师不求最大，但求顾客口碑最好，我们要与顾客做三辈子的朋友。"当时我甚感困惑：三辈子的朋友？人只有一辈子呀。

他微笑着与我分享了一个案例。有一家人，祖孙三代都买的上海工艺大师的沙发，而且都非常喜欢这个品牌的沙发，还经常向自己的同事和朋友介绍。这也成了陈总最引以为豪的事情。

其实，零售并不复杂，门店销售的最高境界就是想办法做顾客一辈子的朋友，做顾客一辈子的生意。

顾客是什么？可能有人会说，顾客是上帝，所以我们要以顾客为中心；也有人说，顾客是朋友，所以我们要热情相待。这些说法都没错，但我认为，顾客其实就像一个女孩，导购就是追这个女孩的男孩。他谈了一段时间恋爱后，要将她从"女朋友"变成"老婆"，彼此一生相守。

当然，要做到这种境界，就需要懂得一些方法和艺术。

销售做的是概率

哪怕你苦苦追求这个女孩，但谁也不能保证你一定就可以与她长相厮守。同样，你努力地与顾客沟通，为了成交而全力以赴，但谁也不能要求顾客一定要购买你的东西。无论你的品牌如何响亮、卖场如何漂亮、服务如何卓越，你都不可能强求进店的每一个人都成为顾客。

其实，销售做的是概率。可能你以前可以把30%的进店客变成顾客，通过学习，你将成交率提高了10%，但还是有60%的人不会买你的东西。但这不要紧，重要的是你的业绩比以前提高了，这就是进步！

也就是说，把工作做得更好，能提升你的成功率，但永远都不要奢望100%的成交率。所以，当你付出了很多，但最后还是没有成交时，你依然要保持一颗热情豁达的心。

做销售一定要明白"谋事在人,成事在天"的道理,做到"得意不忘形,失意不丧志"。凡事只要你尽心尽力去做了,即使最后没有成交,你也可以无怨无悔了。

可以输今天,但一定要赢未来

对于快速消费品,顾客的购买行为大多为重复性购买,也就是说,导购不仅要做顾客今天的生意,还要想办法做他及他身边人未来的生意,只有如此,才能把业绩牢牢做稳,把生意轻松做大。

对于家居建材等耐用消费品,顾客的购买行为则通常是复杂性购买,也就是说,顾客要经过长时间的深思熟虑,甚至会带着亲戚朋友反复比较后才做出购买决定;顾客通常要来三次到五次才会开单,真正到店一次就下单的情况非常少见。

所以,顾客今天没有买你的东西不可怕,可怕的是,你无法让顾客对你的品牌产生良好的印象,进而导致顾客不仅今天不买,而且未来也不再光临你的店铺,甚至向朋友做负面宣传,从而让你的店铺人气下降。

深圳衣馨内衣是一家调整型美体内衣品牌,公司刘总曾邀请我讲授订货会培训课程。课后聚餐的时候,有位老板焦急地问我:"王老师,我最近有家新开店遇到一个棘手的问题——刚开张的时候客流量还不错,可是三个月以后客流量慢慢减少了,您说会是什么原因呢?"

造成这种情况,原因当然是多方面的,但通过深入沟通,我发现问题的根源在于同业竞争与店铺服务两个方面。该店刚开张时,店铺经营定位清晰、服务水平高,几乎没有市场竞争,所以无论是客流量还是业绩都不错,但是后来,该店服务及货品配备都出现了问题,加之竞争对手进入，导致门店的顾客资源被严重分流。

所以，做终端零售不可以太短视，一定要尽可能真诚地面对顾客，把好的体验和感觉带给他们，并长期保持。因为如果顾客今天感觉良好，即使他当时不买东西，未来有需要的时候他也会优先选择你的店铺。

不要太看重眼前的销售业绩，而要考虑店铺长期绩效。今天你也许会输掉一个单子，但一定要思考如何赢得顾客一辈子的生意。这也是我在培训中一直强调的：一家负责任并希望稳健经营的门店必须具备"即使输今天，也要赢未来"的经营风范。

时刻关注老顾客购买率

其实要评价一家店铺的竞争力，有一个非常简单的指标，那就是老顾客购买率。如果老顾客购买率明显下降，则应该引起我们的高度关注，因为这说明老顾客对我们的产品、服务或者其他方面不满意，或者是竞争对手在争夺我们的老顾客资源。

销售冠军要做的四件事

经常有导购通过微信联系我，说现在做导购好难，总觉得自己不适合这份工作，也不知该如何提升自己与顾客的沟通能力。还有一些老板很困惑：为什么我家的导购工作时总是被动、木讷，如何才能让自家导购自动自发地做正确的事情呢？

前面讲过，导购要主动引导顾客朝着购买的方向前进。那到底应该怎么做才算主动引导顾客朝购买的方向前进呢？

其实，门店销售并不复杂，只是导购首先要明白自己在不同的阶段到底应该做什么。我发现，导购只要抓住四个关键点，就可以把工作做得正确且简单。在此，我先简单分享这四个关键点，具体到做这四件事如何展开，后续章节会有详细介绍。

第一件事：招呼顾客，建立关系

顾客进店后，导购应该做的第一件事是什么？许多朋友可能会说：打招呼呗。是的，招呼顾客是导购要做的第一件事。

有些导购只要看到顾客进店，要么表现得过于热情，恨不得冲上去黏着人家，要么就开始喋喋不休，直到把顾客说跑。

他们总以为顾客进店就会买东西，所以，他们说不了三句话就会开始介绍货品或者询问顾客要买什么东西，其实，这样特别容易招致顾客的抗拒。

这个时候最好的方法是让顾客降低戒备心理，如果可以获得他的好感，那就非常棒了。所以说，招呼顾客看似简单，但我们不一定就能把它做好。那应该怎么做呢？此时，导购可以与顾客多聊一些货品之外的话题，也可以寻找顾客的需求点，并围绕其购买痛点多做文章，或者给顾客做一些非销性服务。

实战演练

导　购：大娘，您买这么多饺子皮呀，这是要包饺子吧？（注：不要立即讲产品，先与顾客拉家常。）

大　娘：是呀，孙女在外面上大学，周末要回来，说想吃水饺。

导　购：大娘，做您孙女好幸福，您那么疼她。您孙女多大了呀？（注：巧妙赞美顾客。）

大　娘：明年就要从北大毕业了。（注：顾客有炫耀心理，需要用赞美满足她。）

导　购：大娘，您孙女真有出息，您太有福气了。

大　娘：是呀，我孙女上学我们都从来不用操心。

导　购：大娘，听您口音，您是东北人吧？（注：寻找共同话题，与顾客进一步互动。）

大　娘：嗯，这不，学校水饺孙女不爱吃，非要我自己给她包。

导　购：我也是东北的，这里的饺子与我们东北的饺子比起来，那味道是差远了，真想念我妈包的饺子呀。（注：引发大娘的同情心。）

大　娘：是呀，姑娘，你一个人在外面也不容易呀，在这个店做得还可以吧？

导　购：嗯，还不错，这店里东西不错，老板对我们也好。大娘您今天是想看点儿……（注：自然地切入销售主题，降低顾客的抗拒心理。）

通过这个案例可以看到，顾客进店时，导购不要急于卖货品，而是先想方设法与顾客拉近距离，获得顾客的认同。这时，相关性聊天和非销性服务都非常有用。

第二件事：探询需求，货品定向

顾客进店后，有些导购过于急躁，恨不得一下子就把货品卖给顾客。他们对顾客的需求和痛点毫不了解，就迫不及待地销售，这是典型的"心太急"，其结果便是顾客什么都不买。因为你介绍的货品可能顾客不感兴趣，你的货品卖点可能顾客不关心，你讲解的货品特点可能顾客不理解，他反应自然冷淡，甚至你还没讲完，他就走人了。

所以，导购对进店顾客打完招呼并建立了一定的关系后，最好不要说得太多，而应该探询顾客的需求，摸清顾客的喜好，然后，将顾客需求与店铺里现有的货品进行匹配，这就是所谓的"货品定向"，即思考顾客需要什么功能的货品，自己店里有哪些货品可以满足顾客需求，并且在大脑里迅速回顾一下这些货品的功能、工艺、卖点、价格、库存等信息，从而让自己接下来与顾客沟通时更有信心。这样就可以降低顾客的抗拒心理，并提高销售的成功率。

切记：打完招呼后一定要主动探询并做货品定向。如果这件事不做或者做不好，就可能让接下来的销售沟通变得被动，事倍功半，甚至完全失去销售机会。

第三件事：主动推介，引导体验

你去逛街，看到一款衣服觉得好看，你会不经试穿就买下吗？你装修新房，第一次来到某店铺看到一套不错的家具，你会立即下单吗？

99%的顾客在购买时都喜欢充分体验并反复比较，直到确信货品适合自己，才会购买。有的导购对介绍货品乐此不疲，却缺乏引导顾客充分体验的意识，他们只顾自己滔滔不绝，让顾客与货品始终保持一定的距离，结果距离有了，美却没了，销售成功率也就降低了。

其实，顾客并不喜欢只是听导购讲货品，他更希望有多种方式从不同角度体验货品的优点。顾客体验得越多，对产品的感情就会越深，销售成功率也会更高。

所以，如果你不想让顾客那么快走掉，如果你想让顾客喜欢你的货品，如果你想让顾客宁愿花更高的价格也要购买你的货品，那你唯一可以做的就是：让顾客充分体验你的货品，直到他离不开你的货品。记住，无论顾客提出什么问题，你需要做的就是：处理完问题后立即主动推介并引导体验。

第四件事：促成成交，做好服务

顾客可能来了几次，他对货品的功能、卖点已经很熟悉了，也进行了充分的体验，你对他提出的各种异议也做了很好的处理，此时你应该想的就是如何迅速地与顾客成交了，毕竟只有成交才可以带来业绩。

当你有50%成交机会的时候，要学会"霸王硬上弓"式成交，你此时一定要快、准、狠，该出手时就出手。而且在开单的时候，特别忌讳询问顾客问题。

"招呼顾客—探询需求—引导体验—促进成交"是终端导购的四个基本动作，也是四个阶段性工作目标，这四件事具备一定的逻辑顺序，但并非一成不变，有时可根据所处阶段灵活调整。导购一定要用这四件事来指导自己的工作方向，一步一步地将顾客引导到收银台。

零售门店导购综合情景训练

可能有的导购对如何有效串联"导购四件事"还有些模糊,我们将在本节就此进行研讨,并借助店铺中经常发生的一些实战案例,巩固你对"导购四件事"的理解。

2012年,深圳娜尔思时装邀请我做全国订货会培训,有位学员在培训课堂提问:"王老师,有些顾客我介绍半天,他还是漫不经心的样子,也不说话,要不就是简单问问价钱,我还没有说完,他就准备走了。请问遇到这种情况我应该怎么做?"

错误应对

导　购:美女,欢迎光临!

顾　客:……(注:顾客没有说话,伸手去摸一件浅黄色套裙。)

导　购:美女,这件套裙是最新款式,流行的韩版风格,穿在身上既时尚又休闲。(注:导购开始"卖瓜"了。)

顾　客:……有适合结婚穿的吗?(注:顾客四处闲逛,突然主动发问。)

导　购:您要买结婚穿的衣服?我们这里很多呀。这里有一套红裙就特适合您。美女,这套裙子款式庄重,颜色喜庆,买的人非常多,我相信穿到您身上效果一定不错。(注:顾客看到这套裙子后明显露出欣赏的神色。)

顾　客:这套裙子多少钱呀?

导　购:不贵,才1200元。(注:导购直接报价,这是大忌!)

顾　客:……(注:顾客没有说话,她又看了看其他衣服,转身离开。)

有些导购遇到这种情况，总是抱怨"真摸不透顾客心里到底怎么想的"，还满腹委屈地认为"自己没做错什么啊，现在的顾客真是太刁了"。

聪明不等于有智慧，能说不一定会道。导购在迎接顾客时，最忌讳不顾及顾客感受地自说自话，这种喋喋不休的待客方式只会令顾客生厌。所以，导购遇到服务失败时，首先应该寻找自身原因。

你努力介绍的那些货品卖点，很可能只是你一厢情愿的想法，顾客其实根本就不需要。所以导购一定要管好自己的手脚和嘴巴，去做顾客希望你做的事情，说顾客喜欢听的话，不可以总是随心所欲地说话和做事！

就本案例而言，当顾客主动问是否有结婚穿的衣服时，导购的表现并没有问题，关键是导购介绍衣服时应顺势引导顾客去做"第三件事"——"主动推介，引导体验"，而不是被动地等待顾客询价，更不该过早报价，因为这样可能会让顾客觉得价格过高而影响其试穿欲望。可能你会问："顾客都问价了，我不说，不好吧？"有关这个问题，后文会有论述。

导购可以在"探询需求"与"引导体验"上适当调整。首先主动了解顾客需求，然后积极推荐适合顾客的货品。当介绍完货品且顾客表现出一定兴趣后，就立即引导其试穿，要避免在顾客没有与商品建立感情之前就贸然报价。

下面我们来看看按照"导购四件事"的思路为该导购重新设计的语言模板，也许最后的结果会完全改变！

实战演练

导　购：美女，欢迎光临！美女，里面请。（注：做"第一件事"——招呼顾客，吸引进店。）

顾　客：……（注：顾客没有说话，伸手摸一件浅黄色套裙。）

导　购：美女，这件套裙是最新款式，流行的韩版风格，穿在身上既时尚又休闲。美女，请问您想什么场合穿呢？（注：做"第二件事"——探询顾客需求。）

顾　客：我想看结婚穿的衣服。

导　购：哦，恭喜美女。您要买结婚穿的衣服，我们这里很多呀。这里有一套红裙就非常适合您。您看这裙子款式庄重，颜色喜庆，我相信您穿上效果一定不错。（注：继续做"第二件事"——货品定向。）

顾　客：……（注：顾客露出欣赏神色，此时导购顺势引导试穿。）

导　购：美女，衣服光看也感觉不到效果，这边有试衣间，您试一下吧。来，美女这边请……（注：立即做"第三件事"——让顾客试穿。）

顾　客：……这套裙子多少钱呢？

导　购：美女，这个品牌最讲究面料和做工，所以价格会稍微贵一点儿，您现在只需付款3180元就可以了。（注：包装价值后再报价。）

顾　客：衣服是不错，就是价格贵了……

导　购：美女，结婚那天，穿衣直接影响心情，所以，价格固然重要，但上身效果其实更重要。要不这样，您先试一下吧，来，您这边请。（注：继续做"第三件事"——让顾客试穿。）

顾　客（试穿后）：……你真会说话，衣服还不错。（注：不要犹豫，立即做"第四件事"——推动顾客购买。）

导　购：谢谢您的表扬！这件衣服是样品，我到后面给您拿件新的，请稍等片刻。

通过上述案例，我们可以清晰地看到"导购四件事"多么重要。导购应该时刻提醒自己，搞清楚自己现在处于"导购四件事"的哪个阶段。无论顾客此时提出什么问题，只要顾客还没有到达某个阶段，那么导购在处理完顾客的问题后，就一定要非常自然并且主动地推进销售，这样才能够提升销售成功率。

需要特别注意的是，解决问题固然重要，但解决完问题后把销售过程往前推进更重要！导购一定要培养这种主动推进销售进程的意识并形成习惯。

第三章

标杆沟通系统,
轻松获得顾客信任

是顾客不好沟通,还是导购不会沟通

这几年,顾客买东西越来越有自己的想法了。所以,经常听到导购说,现在的顾客越来越不好伺候了。当业绩不是很好的时候,也有的导购总是抱怨自己运气不好,遇到的都是不好说话的顾客,别人遇到的顾客都是好沟通的。

事实果真如此吗?

到底是顾客越来越难伺候了,还是我们没有把顾客伺候好呢?是顾客真的越来越不好沟通了,还是我们根本不懂得如何与顾客沟通呢?

有一次,我到浙江南浔的一家国内地板品牌店铺做调研。刚进店,店内冷冷清清,两名导购在有一句没一句地闲聊,看到我过去也是一动不动地站在原地。

"这款地板卖多少钱?"

"几百元。"导购头都不回就漫不经心地报价。

"到底几百元呀?"

导购慢悠悠地朝我晃过来,边走边不耐烦地说:"不是写的有价格吗?"

面对导购的冷漠表情,我只能苦笑着摇头离开。其实,这位导购的问题主要表现在两个方面：工作心态与沟通方法。

首先，这位导购没有摆正自己为顾客服务的角色定位，觉得顾客好像在麻烦自己似的。要知道，为顾客服务是导购的天职，让顾客满意是导购工作的最高标准，没有"顾客就是上帝"的观念做指导，导购在工作中难免会出现不尊重顾客的行为。

所以，建议导购调整好工作心态，摆正自己的角色定位，在服务观念上修正认识，否则，无论怎么抱怨，业绩都不会有大的提升。试想，如果这家店是这位导购自己的，她就是老板，她会这样对待客人吗？这就是一个工作心态问题。

其次，这位导购在沟通方法上也有问题，语言表达不明确，而且每次都是被动应答，导致与顾客沟通的时候，有一句没一句，让顾客感觉很不舒服。

如果我们针对上述问题做一些调整，情况可能大不一样。

实战演练

顾　客：请问这款地板多少钱？

导　购：先生，这款产品是我们今年新推的最高档款式，不过价格确实相对高一点儿。（注：首先赞美顾客，再顺势奠定产品的高品质形象。）

顾　客：那到底多少钱呢？

导　购：这款地板500元，不过今天您运气好，正赶上我们品牌全国周年酬宾活动，现在可以打8折，算下来才400元。

顾　客：你们的东西还可以，就是贵了点儿。

导　购：您说贵了点儿，请问您是与什么品牌比较的呢？（注：非常棒的提问，建议多问。）

顾　　客：××品牌的款式、颜色及材料与你们也差不多，人家才380元。

导　　购：您说的××品牌的价格确实比我们低一些。先生，请教一下，您觉得只通过外观就可以判断一款地板的质量吗？（注：认同顾客，再通过提问引导顾客重新建立购买标准。）

顾　　客：那还有什么呢？（注：顾客显然被该问题吸引了。）

导　　购：先生，买家里用的建材产品不像买菜，它用的时间长，所以一定要慎重。其实判断一款产品是否适合自己家，除了看外观，更关键的是了解它的质量做工、环保指标及售后服务，您说是不是？（注：用通俗的比喻引导顾客树立正确的购买观念，但现在不急着说到底怎么看。）

顾　　客：那也是，这些都要考虑进去。

导　　购：先生，您可能对我们还不大了解，这可以理解。我们品牌做了近20年的实木地板，质量是我们最大的优势，比如您现在看到的这款……

上面的案例中很多看似不好回答的问题，导购运用了合理的沟通技巧，找到了解决之道。

我们首先要有愿意为顾客做好服务的心态，其次要掌握与顾客沟通的适当技巧，做到"把话说得让顾客听起来感觉舒服"。

所以，我经常说，不是顾客不好沟通，而是我们没有做好沟通工作，不是顾客难伺候，而是我们不会伺候顾客。如果我们把最难沟通的顾客沟通好了，那么，好沟通的顾客，还会沟通不好吗？

能说话不如会说话

广州白云国际机场有一家高端皮具专卖店，有一天我在机场时被其中一位导购认了出来。她兴奋地告诉我，说她正在看我写的三本书，感觉非常有收获，同时她也诚恳地向我咨询她的困惑："王老师，我是不是不适合做导购呀？"我问她为什么，她说："因为我没有别人那么能说会道。王老师，是不是做导购一定要能说会道才行呀？"

你是否也过这样的困惑呢？沟通确实需要说话，之所以能说确实重要是因为从顾客进店到离开，导购无时无刻不在与顾客沟通。导购通过沟通了解顾客需求，并将货品推荐给顾客，直至最后达成交易。可以这么说，顾客是否购买、买多买少，很多时候与导购的沟通能力关系密切，尤其是在货品越来越同质化的今天。

但是，我认为比能说更重要的是会说，不会说话的"能说"可能把顾客说得发火，投其所好的"会说"能让顾客欣然购买。其实，销售冠军不一定是特别能说的人，但都是特别会说的沟通赢家，他们会把顾客说得兴高采烈、心满意足。

所以，能说话固然重要，会说话其实更重要。能说会道的人不一定会说话，会说话的人不一定能说会道。

语言通俗易懂，多说货品好处

有个秀才去买柴，遇到一个卖柴人，秀才招手："荷薪者来。"卖柴人一头雾水，他一边猜测秀才的意思一边挑着柴走过去。秀才看了看问:"其价几何?"卖柴人听到有个"价"字,估计是问价格,就报了个价。秀才摇头说:"荷薪者,此柴外实而内虚,烟多而焰少,请损之。"这次卖柴人猜了半天,实在不明就里,最后挑着柴转身走了。

卖柴人之所以转身离开,是因为秀才总用卖柴人不易理解的语言在沟通。业绩拔尖的销售冠军与顾客沟通时,总是用顾客听得懂的通俗语言,并且重点介绍顾客购买货品后能获得的利益,因为他们知道顾客更关心的是利益。这样做往往可以增加导购语言的说服力,尤其货品介绍涉及一些比较专业的术语时更是如此。下面来看看几个模板的对比。

通常模板

小姐,我们水星家纺的枕芯采用的是一次灌装成型工艺。

(注:顾客莫名其妙,不知道这样到底有什么好处。)

改良模板

小姐,我们水星家纺的枕芯都是采用一次灌装成型工艺,这样就可以保证您买的枕头无论使用多长时间都均匀饱满,并且永不变形。

通常模板

先生,我们世友地板采用的是智能免胶锁扣,使接缝更加密实,而且我们用的是防水基材,四周还做了蜡封防潮技术。

(注:专业术语简直是在考验顾客智商。)

改良模板　先生，我们世友地板采用的是智能免胶锁扣，而且我们用的是防水基材，四周还做了蜡封防潮技术。经过这样处理的地板接缝更加密实，可以有效防止水分侵入，即使在相对潮湿的环境里也不会发生变形、起霉等情况，让您真正买得放心、用得安心。

通常模板　先生，您看我们双叶家具的穿衣镜后面都带有后身板和压条，而一些小厂通常用钉子定位，镜子也用钉子做托销。（注：用钉子和用压条及后身板到底对顾客有什么影响，顾客还是不知道。）

改良模板　先生，您仔细看看，我们双叶家具的穿衣镜后面都带有后身板和压条，这样镜子就得到了很好的固定，从而减少了镜子破损的可能性。而小厂一般都采用钉子定位，镜子也用钉子做托销，镜子特别容易破碎，搞不好还会伤到人。

表达意思明确清晰，引导渲染产品卖点

一群顾客来到餐馆吃饭，为首的顾客对服务员说："服务员，茶！"服务员看到来了大生意特别兴奋，认真清查人数后告诉顾客："先生，一共14个人，要不分两桌坐吧？"为首的顾客苦笑着说："服务员，我叫您倒茶！"服务员连忙开始倒着查，发现还是14人。"服务员，我叫您倒茶，您数什么呀？"

顾客大声嚷嚷。服务员带着哭腔委屈地说:"先生,我属猪!"

这个笑话告诉我们一个道理,与顾客沟通时一定要明白对方的意思,如果我们对顾客的意思理解不清晰,应及时确认。当然,这更要求导购与顾客沟通时要做到意思明确,不让顾客有误解,因为顾客不可能经常确认我们要表达的意思。不能明确顾客的意图或不能清晰表达自己的意思,只会让顾客离开。

实例一

顾客问题:你们的东西是否参加商城的活动呀?

> **错误应对**
>
> 小姐,我们现在暂时不参加。(注:不参加就不参加,导购的回答不明确,并且只是被动应对,缺乏积极引导。)

> **正确应对**
>
> 小姐,我们品牌决定不参加这次的商城活动,不过我们特别在价格方面做了最实在的调整,而且买够500元还有赠品相送,也很划算。小姐,您先进来看看是否有适合自己的东西吧,来,里边请……(注:明确告诉顾客不参加这次活动,随即用其他利益点引导顾客进店。)

实例二

顾客问题:你们的东西不会用一段时间就出现褪色(变形、生锈等)现象吧?

错误应对　小姐，这种产品您只要按照说明好好用，一般都不会出现那种情况。（注：模糊的语言，什么叫"好好用"呀？"一般不会"意味着还是有可能。）

正确应对　小姐，您这个问题提得非常好，我们以前有些老顾客也有过类似顾虑。不过，我做这个品牌已经五年了，到现在为止，您说的这种情况还真没发生过。所以，您就放心用吧……（注：通过举例给顾客信心但又没把话说死，成交后再告诉顾客应该如何保养。）

态度要真诚，人要有自信

培训课堂上经常有学员说："王老师，现在的顾客越来越不好忽悠了。"还有学员问："王老师，顾客看中的东西其实并不适合他，我是否应该告诉他？"此时我通常会问："如果这个顾客是你的亲朋好友，你会忽悠他吗？你会告诉他还有更适合他的东西吗？"我想答案显而易见。

一个不真诚的人可能会凭借忽悠的本事赚点儿小钱，但是一个人如果想赚大钱，就一定要对顾客真诚。真诚面对顾客是所有销售技巧的基础，缺乏真诚的技巧是空洞的，不可能长久有效。

所以，哪怕因为真诚让自己遭受暂时的损失，但从长久看，真诚面对顾客永远都是你的正确选择。当然，如果在真诚的基础上运用适当的技巧，则会令你如虎添翼，沟通效率倍增。

此外，导购工作时的精神状态也非常重要。你是否有这样的体会：当店铺员工士气低落的时候，店铺业绩往往不是很理想。此时他们经常会抱怨，因为没人光顾，所以大家都无所事事，士气萎靡。

如果用逆向思维来思考，你会发现，可能正因为我们"无所事事"，才导致没人进店，进而业绩不佳。你发现没有，那些业绩拔尖的销售冠军，越是在店铺没人、业绩不好的时候，他们越会调整自己状态，让自己充满工作激情，只有如此才能更好地留住进来的客人，提高开单率，并且这种自信的精神状态也会吸引更多顾客进店。所以，一名导购工作时的精神状态绝对与他的业绩有密切关系。

2012年，鸿星尔克实业有限公司邀请我们为其全国各省总代理做了十几场巡回培训。在重庆站授课的时候，有位加盟商分享了他身边发生的一个真实案例。

> 有一次加盟商进了一批货，店长说有几款鞋子的款式、颜色不理想，价格又贵，估计不好卖。当时他并没在意，可一个月后店长扬扬得意地找到他说："老板，我上次说的那几款鞋子到现在一双都没卖出去，我说不好卖嘛，您看是不是？"

我们来分析一下，为什么这些鞋子真的不好卖了呢？

如果导购对自己的货品都没有信心，陈列时可能就会把它放在一个不显眼的角落里，顾客看都看不到货品，怎么可能好卖呢？当然，即使顾客看到了，导购也不可能很自信地介绍，更加不会主动给顾客推荐，结果这些货品自然就形成了库存。

这个案例告诉我们：货品的第一个顾客应该是我们自己！我们都不喜欢自己的货品，我们怎么可能把它卖给顾客呢？

所以，不要再说"老板订这种货我们怎么卖嘛"之类的话了，我们首先应该反省的是我们自己的错误行为，尤其是消极的态度。

人都有缺点，更何况货品呢？所以，不要老是盯着自己货品的缺点，应该更多地看到每款货品的优点，多找找把事情做好的方法。只有如此，你的业绩才会随着你的态度变好。

如果你不甘做平庸的业绩，如果你想成为销售冠军，请你一定要对顾客保持真诚，并且对自己的职业、品牌及货品始终保持自信。自信有活力是销售冠军最宝贵的精神状态。

尊重顾客，管住嘴巴

顾客来店，首先希望得到导购的尊重。可能有的朋友觉得不可思议：我怎么不尊重顾客了？我们都把顾客当成上帝来伺候呢。

但事实上，店里每天都在发生着一些不尊重顾客的事情。其中不乏导购因为个人情绪不佳而造成不尊重顾客，因此得罪了顾客，失去销售机会的情况。

我在为广州十八淑女坊的全国重点总代理做巡回培训时，有位河南的加盟商问我："王老师，我们店里有位导购与男朋友分手后情绪低落，多次与顾客发生不愉快，影响到店铺生意，我该怎么办？"

确实，导购也是人，工作情绪难免受到生活遭遇、人际问题等消极因素的影响。如果一名导购老是带着负面情绪上班，效率自然不高，对顾客的服务态度也好不起来，久而久之就会导致顾客不满意，最后自然会影响店铺生意。

所以，优秀的导购会不断提醒自己：无论有多大的委屈，只要我在上班，就要将工作与生活尽量隔离，更何况老板已经为我们的工作时间付费了。同时，老板也要为员工的工作营造良好的人际氛围，如果店铺内部人际关系紧张，大家钩心斗角，这样的团队业绩也好不到哪里去。

当然，还有一部分对顾客的不尊重缘于导购的无意识行为。有些导购在店里大大咧咧，行为随意，又不善于反省，经常做一些得罪顾客的事，自己还不以为然。

2010年，广州一家女装品牌邀请我给他们做全国订货会培训，刚好我家附近的华联商场有家该品牌的专卖店。在这家专卖店里，我看到这样的情景：

一位身材高挑的女士正在试穿裙子，女士略带遗憾地说："款式还可以，就是稍微大了点，有没有小号的？"导购立即回应："不大不大，这哪里大，您骨架大，就是要穿大一点的才好看。"话音未落，女士一下把脸拉得老长："谁骨架大了？我看你骨架才大呢！"说完后脱下衣服，转身扬长而去。

像这样的无心之过，导购要尽量避免，否则业绩必然会受到影响。还有一种情况则属导购逞一时口舌之快。导购一定要坚决避免这种不尊重顾客的行为。

有一年，我与一位朋友去江苏考察服装市场，到中国常熟服装城调研一家国内知名羽绒品牌时，得到了导购的热情接待，她极力向我们推荐一款羽绒服。我的朋友对导购说："你们卖东西的都特能说，每个人都王婆卖瓜，说自家东西好。"导购不高兴了，随口就来了一句："您要这么说，那我也没办法。"

我就问她为什么这样对待客人，导购振振有词地甩了一句话：
"是呀，反正我说什么你们也不相信。"说完便转身不理我们了。

整个过程给我的感觉就是一个字：牛！这哪里是在为"上帝"服务呢？像她这样逞一时口舌之快，也许暂时很过瘾，但覆水难收，顾客对她的好感早已荡然无存，哪还会有购买的欲望呢？

你身边是否发生过类似情况呢？请记住：千万不要与顾客为"真理"而争辩。导购与顾客争吵毫无必要，也永远都不可能胜利。即使你把顾客批得体无完肤，说得无话可说，那又怎么样呢？

事实证明，让顾客不舒服何其愚昧，因为它将让你失去生意！当然，如果你输掉了争吵，顾客更不会买你的东西了。

所以无论吵赢还是吵输，你最终都是这场生意的失败者！

联想两步套，促使顾客说服自己

顾客是被谁说服的？有人说是物美价廉的货品，有人说是受人推崇的品牌，有人说是完美无缺的服务，还有人说是能言善辩的导购。

其实，这些答案都没错，但又都不全面，因为顾客不可能真正被别人说服，能够说服他做出决定的只有顾客自己！

那顾客为什么要说服自己购买呢？归根结底是因为顾客得到了利益，这个利益就是他的问题被解决了。所以，顾客其实最终是被"利益"

说服的！那如何才能让"利益"在顾客心目中最大化，并在成交过程中发挥更大的作用呢？

我的建议是，让顾客联想拥有货品给他带来的利益、未拥有货品可能引起的不便甚至痛苦，并以画面的形式显现于他的脑海中。这种联想会令顾客对你的货品印象深刻，并产生让他自我说服的绝妙效果。

那到底应该怎么做才能产生这种效果呢？下面提供一个"联想两步套"的语言模板，你只需对这个语言模板进行灵活运用，就可使语言具备无穷的魅力。

联想两步套

您是否觉得
（引导顾客感觉货品卖点）
＋
您可以想象一下
（引导顾客联想利益及痛苦）

使用"联想两步套"的最佳时机，是顾客正在体验货品或在成交阶段犹豫不决的时候。下面举两个运用"联想两步套"的实战案例。

实战演练 1

导　购：王先生，您是否觉得这件羽绒服上身后很暖和呢？（注：店内有空调，再穿上羽绒服，顾客也很难说冷。）

顾　客：还可以。（注：如果顾客沉默可视同默认，导购继续"联想两步套"的第二步。）

导　购：王先生，您可以想象一下，现在东北都是零下十几度呢，如果没穿加厚型的羽绒服,那与待在冰窟里没什么两样,您说是吧?
(注:引发顾客联想没穿羽绒服的寒冷。)

顾　　客:……(注:顾客没有说话,但心里可能在联想。)

导　　购:王先生,如果您穿着这件羽绒服去东北旅游,不仅暖和而且轻巧,一点儿都不会影响您的正常活动,真是既有风度又有温度。
(注:引导顾客联想利益性的画面。)

顾　　客:那行,就这套吧……

实战演练 2

导　　购:美女,您可以多走两步,体验一下鞋子的舒适感。(注:主动引导顾客体验。)

顾　　客:……(注:顾客没有说话,一边走一边做思考状,此时应立即引导顾客联想。)

导　　购:美女,您是否觉得鞋子很轻呢?

顾　　客:还行。

导　　购:哦,那就对了,这双鞋全部采用特殊底材,所以……而且,它的气垫采用的是××技术,所以穿在脚上应该非常舒服。您是否觉得走路的时候有种由底而生的轻松感呢?

顾　　客:嗯,还可以……

导　　购:美女,您可以想象一下,您如果穿这双鞋子去外面旅游,哪怕走一天的路,脚也不会感到累。

洞悉人性，说服顾客没那么难

大多数人都喜欢追求快乐并回避痛苦，同时，回避痛苦的动机比追求快乐的动机给人带来的影响力大得多。

顾客掏钱埋单是一个痛苦的过程，除非你有办法让顾客相信，不这么做会更痛更苦！销售冠军就特别善于运用这种说服顾客的技巧——让顾客联想不买该货品将会引起的痛苦，以及购买后可能得到的利益。

加大痛苦的语言模板

- 衣服如果不好看，您穿几次就不想再穿了。这样的衣服其实买得更贵，您说是不是？
- 您也知道家具是耐用消费品，如果质量不好，用一段时间就会三天两头出毛病。这样的事发生在您身上，您也会觉得麻烦，是不是？
- 橱柜、卫浴等家居建材产品其实只能算半成品，所以售后的安装维修很重要。如果厂家没有售后服务的承诺，一旦出了问题，得有多少麻烦事呀，您说是不是？
- 您觉得建材产品的环保性重不重要？如果家人在不环保的环境里长期生活，健康很容易出现问题，一旦健康出了问题，那可不是几百块可以解决的呀，您说是不是这个道理？
- 瓷砖铺装好以后，如果出了问题需要再维修，就会特别麻烦，所以铺装前就要选择好的产品并按照标准铺装，否则后期如果出现质量问题，经常这里拆那里补，搞得房间里的家具搬来搬去，屋子里到处都是水呀泥的，您说这样麻不麻烦呀？

让利益倍增的语言模板

- 鞋子质量好，虽然现在贵几十块，但是因为穿的时间长，所以平摊下来的价格其实更便宜，您这么考虑过吗？

- 质量好的家具会让您后期省去许多麻烦事，让自己的生活过得更加舒心和安心。我们买家具不就是希望让自己生活得更舒服一点儿嘛，您说是不是？

- 我们是国家免检产品，买这样的大品牌产品，无论质量还是服务都有保证，让您真正做到买得放心、用得舒心。

- 我们每件产品都经过严格的检测，确保出厂的每件产品绿色环保。这样的东西哪怕贵一点儿，但从自己及家人的健康角度来考虑，绝对是值得和必要的！您说是不是？

以上语言模板仅供参考，建议各位导购进一步结合自己的行业特点，灵活编制适合本行业的模板，每天坚持使用并不断完善。

下面列举家居建材及服装行业的实战案例，以供参考。

实战演练 1

导　购：王先生，您准备客厅和卧室都铺瓷砖吗？（注：询问安装区域。）

顾　客：不是的，我客厅和卧室想铺木地板，只有厨房、洗手间和阳台铺瓷砖。

导　购：哦？王先生怎么这么喜欢木地板呀？（注：引导顾客说出想法。）

顾　客：家里的装修是欧式风格，设计师说木地板协调些。

导　　购：哦，那也是，木地板搭配欧式风格确实比较协调。不过客厅经常走来走去容易脏，偶尔还会有茶水之类的洒在上面，所以需要经常拖洗，而木地板最忌讳的就是潮湿。这些问题您想过吗？（注：认同顾客，再引导顾客联想客厅装木地板的麻烦。）

顾　　客：哦，这样呀？呵呵，你不说我还真没有考虑呢。

导　　购：王先生，这些您一定要考虑，毕竟家是用来生活而不只是拿来看的，否则以后打理起来非常麻烦，您说是不是？（注：再次引导顾客联想客厅装木地板的麻烦。）

顾　　客：你说得也有道理！

导　　购：所以，王先生，为了以后您生活方便，我建议您认真考虑这个问题。其实，很多顾客都选择客厅铺瓷砖，而且我们也有仿木地板瓷砖，这样不但以后打理方便，视觉效果与木地板也差不多。（注：引导顾客联想客厅装瓷砖带来的利益。）

顾　　客：是吧，还有与地板一样的瓷砖？你这么说，看来我真要考虑一下瓷砖啦。

导　　购：是的，您这边先了解一下吧，请！

实战演练2

顾　　客：导购，这条裙子多少钱？（注：顾客试穿后感觉非常满意，开始询价。）

导　　购：这条裙子现在卖498元。

顾　　客：打几折呀？

导　　购：女士，这是我们刚从广州空运过来的最新款，现在没有折扣。

顾　客：那你们什么时候打折呢？

导　购：我们牌子的衣服很少打折，即使打折，一般也选在换季的时候。

顾　客：哦，那好吧，我等你们打折的时候再来买。

导　购：女士，您有这种想法也能理解，以前也有顾客这么想过，不过真要等到打折时，要么发现自己喜欢的款式没有了，要么买回去穿几天就换季了，等第二年再穿吧又过时了。所以这么看，打折时买并没有便宜多少，您说是不是？（注：认同顾客，再引导顾客认识到换季打折时购买的痛苦结果。）

顾　客：……（注：顾客沉默。）

导　购：女士，这套衣服我们卖得非常好，您身材那么标准，我真的很担心您再来的时候还有没有这个款式了。如果没有了，那多可惜呀。（注：继续强调痛苦结果。）

顾　客：……（注：顾客开始犹豫，立即开始下一步。）

导　购：女士，您现在买，款、码、色都很齐，您可以任意挑选，并且可以穿一整季。加上我们现在也有一些赠品，所以这么看的话，您现在买其实一点都不亏。如果您真的喜欢，我倒劝您现在就买。您说呢？（注：给顾客现在购买的利益。）

顾　客：那行吧，听你的。

导　购：好吧，我现在就给您包起来。

让顾客滔滔不绝，你就成功了一半

如果你滔滔不绝地介绍货品，顾客始终一言不发，这样的生意容易成交吗？如果反过来，让顾客滔滔不绝、眉飞色舞地"表演"，你只是配合顾客将"表演"进行下去，你觉得这样是否成交的把握更大呢？

大量的终端销售实例告诉我们：聆听顾客并让顾客尽兴"表演"，我们就成功了至少一半。倾听是建立信任的基础，也是尊重顾客并获得顾客合作的关键。顾客说得越多，我们得到的顾客信息也越多，就越利于我们针对顾客需求对症下药。

为什么人有一张嘴巴，却有两只耳朵呢？就是让人少说多听。可有一些导购喜欢说而不习惯听。想一想，有多少次你无理地打断顾客的"表演"？有多少次你抢过顾客的话茬儿让顾客失意而去？又多少次你毫不顾忌顾客的心情，夸夸其谈？

如果你希望与顾客沟通时顾客不再沉默不语，如果你希望顾客愿意仔细聆听你的讲话，如果你希望逐渐提升自己的沟通力，那么，请学会闭嘴，并且请注意聆听！

当然，聆听也有技巧。导购聆听顾客说话时，应该注意以下四点：

第一，请闭上嘴巴，少说为妙。

我确信，你说得越少且让顾客说得越多、越尽兴，那么你成功的机会也将越大。所以要时刻提醒自己：克制自我并鼓励顾客"表演"。

第二，人人都希望被尊重。

通过观察你聆听时的肢体动作，顾客可以感觉到你是否真的在乎他。所以，导购在聆听时要与顾客保持眼神的互动交流，并配合点头、微笑、手势等。千万不可以一边聆听一边与同事说话或做其他事情，更不可以在顾客还没有说完话时就急着走人，这些动作传递给顾客的印象就是你不怎么尊重他。

第三，聆听时适当确认。

聆听时适当确认，会让顾客感到你是在用心听。虽然你打断了他的话，但顾客一般都乐意你这样做。所以在适当的时候，尤其是你不太理解的时候，不妨这么说："对不起，张先生，您的意思是说……我可以这样理解吗？""对不起，我打断一下，您是说……""王先生，您刚才说的是……吗？"

第四，记得多回应顾客的话。

这主要是指用语言或肢体动作及时回应顾客，让顾客感到你一直在听他说话。比如，可在适当的时候说"哦""太好了""我同意您的想法""有道理""是吗""是的"，或者干脆将顾客的话重述一遍并确认等。这些语言配合肢体动作将让顾客感到你确实在听，并且认为你很重视、尊重他，他将会更有激情地"表演"。

实战演练

顾　客：你们的家具颜色怎么都这么深呀？

导　购：先生，您说我们的家具颜色偏深，是吗？（注：将顾客的话重述一次并确认。）

顾　客：是呀，感觉有些单调。

导　购：先生，颜色确实很重要，尤其要与家里的环境匹配才和谐，您说对吗？（注：回应后立即提问确认。）

顾　客：……（注：顾客沉默，没有立即回应。）

导　购：先生，您家里准备做什么风格的装修呢？

顾　客：我喜欢中式复古风格的，但是老婆喜欢欧式风格，而小孩子喜欢田园风格的。

导　购：哦，您的意思是三个人在风格上还没有统一，是吗？（注：再次确认。）

顾　客：是的，并且我不喜欢比较深的颜色。

导　购：我可以这么理解吗？您对浅色装修风格比较偏好，是吗？（注：第三次确认。）

顾　客：是的，现在工作压力都比较大，浅色家具在视觉上可以让自己更放松。如果在自己家里都放松不下来，那还可以到哪里放松嘛？

导　购：您说得有道理。顺便问一下，您家光线怎么样呢？（注：第四次回应开立即提问。）

让顾客开口说话的五大方法

开店做生意，进来都是客。可人上一百，形形色色，有的顾客比较有亲和力，很容易就可以互动起来；有的顾客性格内敛，进店后不会主动搭腔，还会一言不发；还有的顾客性格张扬，一副唯我独尊的样子……面对这些顾客，导购该怎么"撬开"他们的金口呢？

用服务打动他

如果顾客看起来比较疲惫，很可能他在来到你的店里以前，已经在其他门店逛了很长时间，这种情况下他不爱说话是因为他累了。这时，导购再滔滔不绝地介绍产品，通常会遭到顾客的冷待，甚至挑衅。

顾客进店不说话，你可以递一杯水给他，帮顾客照看一下孩子，看到顾客身上有雨滴就递一张纸巾给他，等等。只要顾客接受了你的服务，他的心锁就会慢慢地打开。也就是说，真诚服务是打开顾客心门的一把钥匙。

用赞美取悦他

有些强势的顾客进店不喜欢说话，原因是他们根本没把导购当回事。他们都有强烈的占有欲和控制欲，一旦看中货品，马上就能做出购买决定。但是这些强势型顾客有一个很大的问题，就是他们其实并不专业，有些时候买东西完全是凭一时冲动，如果他觉得店里的货品不好，在店里逛一圈马上就会走。这时导购应该想尽各种办法挽留顾客，让他开口说话。

肖姐是某门店的导购，她曾经这样说服了那些不爱讲话的强势型顾客。一天，一位中年妇女走进了门店，肖姐仔细观察了一下这位顾客的穿着打扮，判断出她是个经济实力不俗的人，然后热情地上前打招呼，谁知道被顾客冷冷地回了一句："你不要跟着我，我自己先看看，有需要了我叫你。"一副领导吩咐下属的样子。没办法,肖姐只好不紧不慢地跟在顾客后面。可是逛了一圈,这位女士一句话也没说,看样子对肖姐家的哪款货品都不太满意,肖姐再不出手,顾客就要出门了。怎么办?情急之中,肖姐张口说了一句:"美女,你这玉镯是在哪里买的啊?"一句话打开了顾客的话匣子,肖姐对顾客的玉镯赞不绝口,顾客更是喜笑颜开,两人相谈甚欢。

销售最忌讳的就是只谈生意不谈感情。不关注人就想成交,不管你的货品有多好都很难办到。所以肖姐从顾客的镯子下手,适度赞美顾客,从而顺利地"撬开"了顾客的金口。

用示弱恳求他

有些顾客不说话是出于心理上的需要。在进入陌生环境时,人们为了适应新环境寻找安全感,通常不愿意主动发言。如果你能够认识到这点,那么大部分顾客进门不愿意说话,似乎是再正常不过的事情了,问题在于顾客要出门了,他还没说话而你也没说话,那成交的机会就变得极其渺茫了。

在走访门店的过程中,我们见过这样的导购,她说:"这位大哥,麻烦您说句话吧,您到店都快 15 分钟了,您还一言没发。我们店里有规定,顾客进店 15 分钟还不说话的话,说明我们销售顾问的接待有问题,我们会被扣工资的。大哥,帮个忙,为了让我不要被扣工资,您能告诉我您今天想看看什么样的衣服吗?"导购采用示弱的方式让顾客开口说话,也花了不少心思,值得肯定。

用陈列吸引他

顾客不说话不代表顾客没兴趣、不动心，顾客说了话也不代表他真的想买，所以顾客进门，如何引起他的兴趣，让他在店里逗留的时间更长，才是问题的关键。在货品同质化越来越严重的今天，想要通过货品吸引顾客越来越难。厉害的导购在销售时还有一个绝招，那就是货品演示差异化。

陈列也可以起到吸引顾客的作用，好的陈列是变相的推销。因此，想要留住顾客的脚步，有必要对自己要突出的货品做出一些差异化的陈列，借助道具、灯光、卖点广告、跳跳卡等方式，都能起到这样的作用。

用活动刺激他

有些顾客进门不说话是因为他今天还不想买，来店里就是要逛一逛了解一下。在这种情况下，顾客抱着较强的防备心理，担心自己一说话就暴露了底牌。面对这样的顾客，导购可以用促销活动来刺激他，比如邀请他参加抽奖活动，不管他来店买不买都可以参加免费的抽奖活动，这样既能够引起顾客的兴趣，还能为门店聚集人气。

面对顾客进门一言不发的情况，导购要首先研究一下顾客为什么一言不发，然后对症下药，才能药到病除。

第四章

沟通的四把金刷子

作为导购，你不只是在卖东西，更是在卖感觉、卖服务、卖信任。能否将这份信任贩卖出去，取决于你与顾客沟通得如何。那么，如何快速提升你的说服力，如何快速获取顾客的信任呢？本章将分享沟通的四把金刷子。

认同——提高说服力

要获得顾客的认同，我们需要做好以下几件事。

避免直线思维

有些导购总希望自己可以三下五除二说服顾客，他们坚信顾客都是能被说服的。但越是如此，顾客偏偏越难被说服，他们越想努力把东西卖给顾客，顾客却越极力回避。为什么会出现这种情况呢？原因很多，其中直线思维是最常见的。所谓直线思维，就是直接拒绝或者直接给解释。

先来做一个小游戏，以便让你更好地理解直线思维的含义。现在请你做以下动作：首先站起来，双脚并拢，站直立正，然后请尽力往上蹦一下，前提条件是膝盖不可以弯曲。请问你能蹦多高呢？你是不是感觉不舒服？

其实，这就是直线思维的一个体现。也就是说，如果我们直来直去，不学会弯曲，我们要想蹦得很高就会十分困难。其实，与顾客沟通也是如此，你不学会"收"就很难自如地"放"。

想一下，你在工作中是否这样与顾客沟通过——

顾客问："这个多少钱？"你回答："250元。"

顾客问："打几折？"你回答："这是新款，不打折。"

顾客说："太贵了！"你说："一分钱一分货，我们质量好。"

顾客说："再少50元我就买了。"你说："对不起，不能少了。"

顾客说："这个是否会褪色？"你说："我们的东西不会。"

顾客问："你们是否参加商场活动？"你说："不参加。"

顾客说："你们卖东西的都说自己的东西好。"你说："您这样说我也没办法。"

如果有，那我想告诉你：类似行为可能让你每天都少卖东西，日积月累，业绩损失就太大了！因为这些都属于典型的直线思维式回答，大大地降低了你对顾客的说服力，甚至每句话都在驱逐顾客离开。

那到底应该怎么做呢？我的答案是：以认同取代直线思维，将极大地提升沟通的效率！

何谓认同？就是以带着同理心的沟通方式对顾客的处境、想法等表示认可、同意或理解。认同能让顾客感觉舒服，并增加顾客对导购的信任感。我建议导购在与顾客沟通时多多采用认同行为，尤其在顾客有质疑、顾虑和不理解的时候。

下面是几句我在终端带教中用得比较多的认同话术，希望你可以在理解的基础上背诵后使用，并在此基础上结合自己的行业编写更多的认同语言模板。

> **认同顾客的语言模板**
>
> - 张先生，您说得有道理。
> - 李姐，您有这种想法（或顾虑、担忧）其实也很正常。
> - 王先生，您这个问题问得非常好。我们以前有一些老顾客一开始也提出过这样的问题，他们觉得……，不过，后来他们才发现……
> - 王姐，如果是我，我也会这么想，所以我特别理解您的顾虑。
> - 李先生，我一开始也这么想，觉得……

我研究过上百名销售冠军的沟通行为，发现他们特别善于使用认同技巧与顾客沟通；经我辅导的学员也经常反馈，他们学习并运用我讲授的认同技巧后，与顾客的沟通更顺畅了，顾客的满意度也更高了。

当然，需要特别注意的是，认同的话不要一口气说得太多，一定要在沟通的过程中多次、不间断地使用。

正确应对顾客提出的自然性问题

有一年夏天，我准备乘飞机由广州前往杭州给一家家具企业授课。由于飞机晚点，我在候机厅逛了几家服装店。来到某知名男装品牌店里，我发现有一款深红色T恤还不错。导购职业性地热情招呼我,并机械地介绍衣服。

我随手翻看着吊牌,漫不经心地说:"这种衣服看起来不错,但洗几次就褪色了。"导购员信誓旦旦地保证:"我们的衣服不会。"我微笑着说:"我以前买衣服的时候导购也这么说,不过后来都褪色了。"导购一时间无言以对,情急之下她说:"先生,那您要买好一点儿的嘛。"这句话一下子激发了我的"斗志",我立即追问她:"你们这个牌子是不是好一点儿的?"导购冷冷地说:"您想嘛,能放在机场里卖的能不好吗?""那您敢不敢保证不褪色?"我继续穷追猛打。导购此时有点犹豫,她迟疑了至少3秒钟后问道:"您买不买嘛?"于是,我用坚定的口气对她说:"这件衣服我要了,但您要在小票后写上'如有褪色一律包退并负责报销往返机票'。"导购愣住了,半天才反应过来,并警惕地问我:"先生,您是干什么的?"我盯着她的眼睛坚定地说:"我是买衣服的。"此时,令我意想不到的事情发生了,导购转身拔腿就跑,躲到收银台后面怎么都不愿出来了。

这个案例中的导购大量采用了直线思维。其实,顾客问衣服是否会褪色、变形、起球这些问题,在服装终端非常普遍;在家具建材终端,也经常会有顾客问到货品是否会变形、松动、生锈、发霉、变色、渗污等,这些问题都属于自然性问题。

所谓自然性问题,就是货品本身固有但没有超出国内外标准的问题,或者由于使用方法不当及环境所造成的问题。自然性问题并不属于货品的质量问题,但顾客会特别关心并且经常问起。

如何处理类似问题呢?如果导购用直线思维的方式来处理,容易引

起顾客的好奇心和"战斗欲",处理效果自然不理想。要解决自然性问题,可以从以下四个方面入手:

(1)任何人都喜欢听好话。导购要学会赞美顾客。

(2)提供足够确凿的事实与证据,用自信的姿态让顾客感觉到这个问题其实不用担心,但不要明确告诉他这种事情是否会发生,以免断了自己的后路。

(3)导购要学会扬长避短。因为考虑到顾客提出的问题对销售相对不利,所以导购可冷处理该问题,并将焦点快速转移到其他话题,比如衣服是否合身、是否满意衣着效果和试衣间服务等。

(4)导购要在顾客确定购买并交款后,再用简洁的语言向他介绍货品保养的注意事项,这样更容易提高成交率并令顾客感动。

有关货品的自然性问题,导购都可以按照这个思路来处理。只要导购熟悉上面四点内容,并背诵和运用下面我设计的语言模板,做到熟能生巧,就可以大大提高处理该类问题的能力。

实战演练

顾　　客:听说纯棉的要褪色,你们这件衣服会不会褪色呢?

导　　购:张先生,您这个问题问得特别好,一听您说话就知道您对面料挺在行。

顾　　客:我也是听别人说的。

导　　购:张先生,您说得有道理,有些小品牌为了降低成本,确实会出现这种情况,不过您放心,我们是大品牌,每件衣服都经过严格的质量检测。我们店在这里开了五年多了,还从没顾客反映过这种问题,所以,这点您大可放心。这样,张先生,您不能光看,衣服一定要试,来,这边有试衣间,您这边请……(注:先认同并赞美,再顺势引导体验,试完衣后说不定该问题顾客都忘了。)

顾　　客：……（注：如果顾客出来后选择购买，导购则要告诉他保养事项。）

导　　购：张先生，这种高档的衣服其实保养也很重要，您以后洗的时候要注意……这样吧，我把这些写在小票背后，您到时候可以拿出来看看，请稍候。（注：让顾客感受到导购的优质服务，如果以后衣服因保养不当出现问题，导购也白纸黑字地为处理此类问题埋下伏笔！）

顾　　客：好的，你们的服务真不错，谢谢……

导　　购：不客气，这些都是我们应该做的，您好走……

总之，无论在销售的过程中遇到什么问题，导购都要尽量杜绝直线思维，尽量养成认同顾客的习惯。

掌握认同四步套

根据我在培训现场及驻店调研中发现的问题来看，有一些学员回到卖场也具备了认同顾客的意识，但普遍表现出来的问题是认同的话说得太少，并且处理完异议后没有主动做"导购四件事"来顺势引导顾客朝成交的方向前进。那到底应该怎么做呢？我总结了一个"认同四步套"，供大家参考。

1. 无论遇到什么问题都要多说认同的话

这就是所谓的"以退为进，曲线卖货"。一旦你和顾客建立起共识了，顾客接受了你这个人，就更容易接受你所说的话、所做的事了。

2. 结合顾客的问题借势转变成赞美的机会

要让顾客在毫无防备下获得意外的良好感觉。事实证明，认同过后再加上赞美的话会让顾客更舒服，进而为接下来你的"解释工作"营造良好的沟通氛围。

3. 迅速转到导购要做的解释工作上来

前面的认同和赞美只是为你的"解释工作"奠定沟通氛围，这一步的主要工作是给顾客一个合理的解释，即要把话说"圆"，这也是你真正想要表达的整体内容。

4. 顺势发问，引导顾客到有利于成交的方向

你如果只是一味回答问题会显得被动，不利于控制局面。为了更好地引导顾客的思维，也为了引导顾客朝着有利于成交的方向前进，你一定要学会利用发问技巧引导顾客做有利于成交的事情。

提问——让最难对付的顾客开口说话

你遇到过这样的情况吗？你热情接待进店的顾客并为其介绍产品款式、功能、价格和售后服务等，觉得自己该说的都说完了，可顾客就是一言不发。如果你遇到过这样的情况，那么你可能就是遇到了最难对付的顾客了。

为什么不说话的顾客最难对付？因为如果顾客不说话，你怎么可能知道顾客心里在想什么呢？你不知道顾客心里想什么，又怎么可能将话说到点子上呢？如果你不把话说到点子上，那又怎么可能促成顾客购买

呢？所以，我认为，不说话或者说"我随便看看"的顾客是门店里最难对付的顾客。

那么，你想让顾客乐意与你说话吗？如果想，你需要快速提升自己的沟通力，让顾客愿意主动说出自己的想法和问题，而要让顾客愿意主动说出自己的想法和问题，你就必须提高自己的提问能力。

销售冠军非常善于向顾客提问，因为他们知道，问对了问题才可以了解顾客的需求和想法，引起顾客的购买欲望，最终决定顾客的购买行为。

普通导购则完全相反，他们专注于自我，把自己知道的东西喋喋不休地倒出来，也不管顾客是否真的喜欢听，以至于最后顾客对他们不理不睬。

可以这么说，提问能力是导购最基础也最重要的语言沟通能力，导购提问能力的高低可以直接反映出其销售能力的高低。

为什么要提问

顾客进店后，如果导购或产品无法引发其注意，他们经常会说"随便看看"之类的话，这样生意自然很难做成。那要如何引起顾客的注意呢？答案是——提问。

提问可以迫使顾客思考问题并做出回答。比如"先生，您是第一次来我们店吗""先生，您以前听说过我们这个牌子吗""美女，您以前穿过调整型内衣吗"等。

有效的顾客沟通应建立在互动的基础之上，只有让顾客参与其中，才能维持顾客的注意力和兴趣。提问就是维持顾客与导购互动的好方法。

所以，在与顾客沟通时，设计适当的提问就变得非常重要。比如"您觉得呢""您是否也这么认为呢""我可以这么理解吗"。

很多导购喜欢让顾客做听众，自己来唱独角戏。研究表明，顾客连续听20秒钟就会变得烦躁不安。导购一定要跳出过分依赖说教的误区，学会用提问去引起顾客的兴趣，起到令顾客自我说服的作用。比如，"先生，买东西质量也很重要，您说是吗？""先生，您觉得买东西除了价格外，服务重要吗？"

如果没有认真听顾客的话，就无法说出顾客爱听的话；如果不了解顾客需求，就无法为顾客推荐正确的货品。所以，提问比说话重要，提问可以帮助导购更好地了解顾客的需求。事实证明，导购前期对顾客需求了解得越多，后期的沟通效果就越好，成交所花的时间也会越短。

提什么样的问题

想让顾客配合你的引导，那你不仅要提问，更要会提问。下面介绍一些提问的技巧。

1. 问能让顾客心甘情愿说服自己的问题

把你最想说的话通过顾客的嘴说出来，这样的说服效果最好。这个答案是顾客自己说的，他怎么好立即推翻自己的说法呢？这时你再顺势引导顾客购买，就会变得更容易。

能让顾客配合的问题模板

- 买东西除了价格以外,质量也很重要,您说是吗?
- 家人的健康是我们买东西时肯定要重点考虑的,您说是吧?
- 好产品一定比质量一般的产品贵一些,您说对吗?
- 其实对于耐用品来说,售后服务更加重要,您说是吗?
- 给父母买东西,就是多花些钱也值得,您说对吗?

实战演练

顾　客:这双鞋450元嘛,我就拿了。(注:顾客执着地还价。)

导　购:王姐,买鞋子价格确实重要,但质量也很重要,您说对吗?(注:问对我们有利的问题。)

顾　客:那肯定了。

导　购:是的,王姐,您是聪明人。如果鞋子质量不好,穿几天就不能穿了,那相当于价格更贵,您考虑过吗?(注:再问一个对我们有利的问题。)

顾　客:嗯……(注:顾客默认,导购可继续说。)

导　购:还有,鞋子穿起来好不好看也需要考虑,毕竟鞋子是穿给别人看的,您说是不是?(注:问第三个对我们有利的问题。)

顾　客:……(注:顾客默认并一直在看鞋子。)

导　购:王姐,这双鞋虽然贵一点儿,但质量好,您穿的时间长,关键是穿在您脚上好看。这样的鞋从穿的时间看,其实您买得更划算,您说是不是?(注:问第四个对我们有利的问题。)

顾　客:嗨,我说不过你。不过你说得也有一点儿道理。那就拿一双吧。

　　导　　购：谢谢您的夸奖。那好，这双鞋是样品，我现在就到库房给您拿一双新的，请稍候。

---

2. 问简单、好回答的问题

　　2013年，福建七匹狼公司邀请我给他们做了两场全国千人订货会培训。课前，我对几个福建男装品牌的终端做了一些简单调研。

　　在一家国内知名男装品牌店里，有个导购热情地冲上来迎接我们："先生，欢迎光临！先生，买衣服吗？"我们没有回答继续往里走，导购跟在我们后面追问："先生，您想买什么样的衣服？"我们依然没有说话，逛了一圈，在一款夹克前停下。"先生，这款1280元，现在可以打7折……"我们随便看了看就离开了。

这个导购的问题在于：她一开始就问了一些顾客不便于回答的问题，紧接着又问了一些过于复杂的问题，让顾客无所适从。因此，如果开始接待顾客时问不好问题，让顾客形成不想回答的思维定式，接下来要打破僵局将非常困难。那应该怎么问呢？我的答案是：问顾客好回答的问题。

　　什么样的问题才是有利于顾客回答的呢？一般来说，一个便于回答的问题是简单、明确的或二选一的选择式问句。

比如，如果你去买手机，导购问你想买什么功能的手机，可能你一下子想不起来应该怎么回答，但如果导购问"您想买国产的，还是国外品牌的"或"想买大屏还是小屏"等有选择性的、答案具体明确的问题，你就好回答得多。

让顾客好回答的问题模板

- 您是自己用，还是送人呀？
- 您喜欢休闲一点儿的，还是正式一点儿的？
- 您平常喜欢穿宽松点的裤子，还是紧身一点儿的？
- 您买家具是更看重外观款式呢，还是看重实用功能？

3. 不要问会给顾客造成压力的问题

为什么有些导购接待顾客时经常被冷落或拒绝呢？通过大量的观察和分析，我发现最普遍的原因是他们使用了很多让人压力过大的问题。一般来说，顾客对比较敏感或者压力过大的问题会抱有戒备心理，他们大多会拒绝回答或者用消极的、对导购不利的方式来回答。所以，我建议导购在接待顾客时，尽量以"了解或看一看"代替"喜欢、买不买、要不要"等词汇，因为后者都属于压力过大的词语。

请记住，导购在与顾客沟通中，尤其在沟通前期，应尽量少用压力过大的问题，以免一开始就将对话的大门关上。比如接待顾客时不宜问顾客"买衣服吗""您喜欢这套家具吗""要不要我给您介绍一下""需要我给您服务吗"等问题。

4. 顺着顾客的问题提问，变被动为主动

有时候会发生顾客不断提问导购不断回答的情况，这样只会让导购陷入被动。如果要变被动回答为主动引导，就应该在回答顾客的问题后立即附加提问，这样就可以掌握主动权，引导顾客的思维。比如顾客说"你们的价格比隔壁贵"，当你给顾客做完质量、服务等方面的解释后，应立即加上一个提问："您觉得价格和质量哪个更重要呢""除了价格外，您觉得质量重要吗"或者"您今天想了解什么样的产品呢"等。这样就可以很快将顾客的注意力由价格转移到质量、货品特点等其他方面，从而引导顾客往前推进。

实战演练

导　购：欢迎光临箭牌卫浴！先生是第一次来我们店吗？（注：招呼顾客并立即附加一个简单、好回答的问题。）

顾　客：嗯。

导　购：先生，我是这家店的小王，很高兴由我来接待您。请问您怎么称呼？（注：谦虚地告诉顾客自己的姓，并立即附加提问。）

顾　客：张。

导　购：哦，张先生，我想您应该也看过很多家了吧，您觉得我们的东西怎么样？（注：主动询问顾客并引导顾客的思维。）

顾　客：你们价格比其他品牌都要贵。

导　购：哦，张先生，价格上我们确实会比隔壁几个牌子贵一点儿。张先生，选择卫浴除了价格，质量也很重要呀，您说对吗？（注：通过认同回应顾客，然后立即附加提问，把顾客的思维引导到质量上去。）

顾　客：那肯定是了……不过，我看他们的东西质量也差不到哪里去。

导　　购：张先生，请教一下，您觉得仅仅通过外观就可以判断一样东西的质量吗？（注：回应顾客后立即附加提问，引导顾客的思维。）

顾　　客：我还真的不是很清楚……

导　　购：不清楚也很正常，毕竟我们也不是经常买卫浴产品。张先生，您知道卫浴这种长期使用的家居产品应该怎么选吗？（注：不急于解释，顾客回应后再次附加提问以引导顾客的思维，为后续回答做铺垫。）

通过上面的介绍，可能你也看出来了，无论是准备转移顾客注意力、引导顾客想法，还是探询顾客需求，你都可以并且也应该大量使用提问的形式与顾客沟通。请大胆地向顾客提出更多、更好的问题吧，让顾客说得越多，成交的概率就会越高。

赞美——拉拢顾客的感情

导购与顾客沟通的过程不只是简单的商品交易过程，更是情感交流的过程。顾客其实更希望得到别人真诚的认同和赞美。

销售冠军深谙赞美之道，他们养成了赞美顾客的好习惯，这让他们受益匪浅。但是那些业绩不怎么好的导购呢？他们一见到顾客进店，就急切地想卖东西，把太多的话题集中在货品上，好像除了介绍货品，就没有别的可说，这是非常不妥的。

把握时机赞美顾客

有些导购喜欢在顾客一进店时就赞美。其实此时赞美的效果并不好,因为此时你对顾客并不了解,你们的关系还处于陌生状态,这个时候顾客的警惕心很强,你的赞美往往会弄巧成拙,让顾客怀疑你有什么企图。

所以,这时候你千万别老盯着人家的鞋子、衣服、发型或者皮肤并过分地大加赞美了。

那到底什么时候赞美顾客效果比较理想呢?我个人建议:当导购与顾客有一些基本沟通之后,尤其是发现顾客有意无意地透露一些个人信息的时候,请务必赞美他。因为如果顾客有意无意地透露一些个人信息,比如职业、收入、家人及私人物品等,这就表示顾客或许虚荣心比较强,或许他在暗示什么,你一定要回应他,对他进行认同和赞美,这样他才会舒服,并因此下意识地拉近和你的感情距离,否则他就会感到很失望,也几乎不会买你的东西了。

梦哲商旅男装是四川本土的一家男装品牌,我们曾有过深度培训合作。一次驻店调研时,店里来了位 50 岁左右的中年男性,导购接待过后准备给他推荐一套西服。"这套不行!去年我儿子考上清华的时候,我送给他的那套西服跟这套太像了!"中年顾客大声嚷嚷,唯恐别人不知道似的。"没问题呀,儿子是儿子,您是您呀,再说穿父子装更好看。"但中年顾客一点儿都不买账,后来导购又接连给他推荐了几套蛮不错的款式,但顾客始终一言不发,最后很失望地离开了。

请问,你觉得原因何在呢?如果换作是你,你会怎么做呢?有许多导购经常抱怨"感觉顾客没有什么好赞美的呀",其实不是顾客没有给你赞美机会,而是顾客给了你机会你却没有发现,或者你发现后却没有能力抓住机会。

案例中顾客大声说起考上清华大学的儿子,说明他希望被赞美,可导购却没有捕捉到顾客的心理。导购的眼中只有衣服,忽视了顾客的感受,结果导致顾客不高兴,最后自然失去了销售机会。如果导购此时暂时放下衣服,转攻"心理",顺势对顾客加以赞美,并及时引导顾客看看其他与此款类似的货品,可能结果就大不一样了。

实战演练

导　　购:先生,我向您推荐我们公司最新推出的免熨套装,颜色庄重,版型好,相信您穿上后效果一定不错……(注:导购话音未落,就被顾客打断。)

顾　　客:不行不行!去年我儿子考上清华,我送了套西服给他,跟这套太像了!(注:顾客大声嚷嚷。)

导　　购:哦,先生,清华可不好考,听说去年我们四川全省才考上几个人呢!真羡慕您,有这么个有出息的儿子!

顾　　客:哈哈……

导　　购:先生,我们这里还有两款风格类似的西服,我觉得一样适合您。要不您先看看吧……(注:适时地赞美后话锋一转,切入主题。)

顾　　客:嗯……

导　　购:好的,先生,这边请……

赞美事实和细节

为什么有的导购赞美顾客，会让顾客感觉很舒服？有的导购赞美顾客，会让顾客感觉很尴尬？为什么有的导购在赞美顾客时，自己都觉得有点不自然，甚至自己都想笑呢？

之所以出现后两种情况，很多时候是因为导购的赞美缺乏真诚。因为导购赞美的并不是事实，或者即使是事实，但由于没有找到适当的赞美点，仍然让顾客感觉不怎么真实，也不怎么可信。

2014年，EP雅莹在湖南有个加盟商邀请我给她的几家店铺做项目辅导。课前，我在成都调研了几家EP的店铺，也看了EP的几家竞争品牌店。

在一家竞争品牌店，我巧遇一位导购正在给一位身材偏胖的少妇试衣。裤子穿在少妇身上，明显偏紧，没想到导购居然还赞美顾客："张姐，您穿这裤子特别显身材，把您的气质完全展示出来了。"少妇当时就懵了，微红着脸，怪不好意思地说："是不是稍微小了点儿？"导购还挺幽默："没关系，张姐，这裤子是莱卡面料，弹性好，您穿几天绷一绷就大了。"搞得在卖场看衣服的几个顾客哈哈大笑，少妇赶紧换下裤子，一走了之。

这位导购就是没有搞清楚这么一个道理——赞美应该基于事实和细节，但又绝对不可以哪壶不开提哪壶，否则会变成胡乱赞美，反而弄巧成拙。我发现销售冠军特别善于努力寻找顾客身上的闪光点，并实事求是地真诚赞美；那些业绩不佳的导购则很少赞美顾客，即便赞美顾客，也经常是哪壶不开提哪壶，说一些似是而非的话。

如果顾客身材不好，你就找她皮肤的优点来赞美；如果她皮肤不好，你就找她眼睛的优点来赞美；如果她皮肤、眼睛都不好，你就找她头发的优点来赞美。总之，一定要赞美对方最引以为豪的细节和事实。下面我们以一个家居建材行业的案例来说明。

实战演练

导　购：先生，您好，第一次来我们店吗？（注：提问引导顾客说话，赞。）

顾　客：嗯，我先随便看看。（注：十个顾客有五个都这么说，还有四个不理你。）

导　购：哦，没关系，买橱柜多了解、多看看很正常，这也是对家庭负责的表现。（注：认同顾客，获得好感，同时巧妙地赞美顾客。）

顾　客：是呀，现在牌子实在是很多，都不知道该怎么选了。

导　购：您说得对，现在牌子确实多，所以就更要花些时间认真挑选，否则以后就很麻烦。请问，您家里现在装修到哪个阶段了？（注：认同后再巧妙探询。）

顾　客：还有两个星期装修就要进场了，所以今天先来看看。

导　购：哦，那您现在来看橱柜时间刚好合适。我是店里的小王，请问怎么称呼您呀？（注：建议尽早弄清顾客的姓。）

顾　客：姓张。

导　购：哦，张先生。张先生，橱柜与家具还不一样，它要根据厨房的装修风格、房间结构及水、电、气管表等具体情况来选，否则以后就很不方便。请问，您厨房多大面积呀？（注：奠定专业的家居顾问形象，同时为接下来继续提问做铺垫。)

顾　　客：12平方米。

导　　购：张先生，您家厨房很豪华哟，这么大的厨房我遇到的可不多。(注：赞一下。)

顾　　客：还行吧，我们国际皇家公寓的厨房都做得比较大。(注：顾客心里一舒服，又透露了更多的信息，此时该知道他是个大买主了。)

导　　购：哇，国际皇家公寓那是高档社区呀，能住这样房子的可都是成功人士，真羡慕您！顺便问一下，您厨房光线怎么样？(注：继续赞美并把他归类为成功人士，接下来他都不好意思买便宜的东西了。)

顾　　客：22楼朝阳，光线还不错。

导　　购：是的，楼层高，空气好，阳光也充足，确实不错。对了，您喜欢什么风格？

顾　　客：我喜欢欧式风格，但厨房可能就不适合了。

导　　购：您说得有道理，成功人士一般都喜欢欧式风格的家居，但厨房一般都偏向简洁明快的格调。(注：继续赞美顾客。)

顾　　客：是的。

导　　购：张先生，您特别有亲和力，如果其他客人都像您这样，我们上班就太开心了。根据您的情况，我们这有一款最新推出的橱柜，特别适合您这样的高端家庭。来，张先生，您可以先看一看，这边请……(注：推荐货品并继续赞美顾客。)

通过这个案例，我们可以发现，根据顾客提供的具体事实适当地赞美顾客是多么重要，这将令顾客始终感觉良好，并让顾客在不知不觉中配合你的销售。所以，在与顾客沟通的时候请保持一个好习惯，那就

是：一开始尽量远离货品本身，学会真诚地赞美顾客！

赞美的话分开说

假如你是四岁孩子的家长，现在你手里有十颗巧克力，如果你只能选择一种分配方法，请问你是一次性给他十颗巧克力随他怎么吃，还是每次给他一颗呢？

我想父母们大多会选择后者。回到销售场景中，赞美相当于巧克力，赞美顾客忌讳过分夸张，更忌讳一次性说太多溢美之词，这样的赞美只会令顾客觉得你动机不纯。打个比方，如果一个不怎么熟悉的人对你大加赞美，你会怎么想？你会不会觉得"这个人是不是对我有什么企图呀，否则为什么嘴巴这么甜呢"？发现没有，这种情况下，你的警惕性越来越高了，你的免疫力也就增强了。如果顾客带着这种戒备心理去听你的赞美，你与顾客之间无形中就有了一堵墙，沟通自然就不会顺畅了。

要解决这个问题，你可以将赞美点巧妙安排在整个沟通过程中。每个赞美点不一定说很多话，可能就一两句，但要让顾客感觉赞美的话很真诚、很自然，也很舒服。比如上面的案例中，导购总共赞美了六次，但是每次赞美都没有用很夸张的语言，令顾客感觉非常舒服。

解决问题中赞美顾客

如果顾客向你提出一个挑剔的问题，你的第一反应是什么呢？你会不会立即进入战斗状态呢？

其实,处理问题固然重要,但最好的结果是解决问题的同时让顾客感觉舒服。所以,不要只把目光聚焦在问题上,要学会在解决问题的过程中去发现顾客值得赞美的点。在解决异议的时候赞美顾客,此时顾客的心思全部聚焦在问题上,你对他的赞美会被他认为是真诚的,并且能够令他心情愉悦,这样往往更有利于问题的解决。下面还是来看一个实战案例。

实战演练

导　购:李姐,衣服不穿在身上看不出效果,您先试穿一下吧,来,这边请。

顾　客:……感觉稍微小了点儿。(注:顾客感觉整体效果还是不错。)

导　购:李姐,您觉得有点小是吗?请问李姐,您以前是不是喜欢穿稍微宽松一点的裤子?(注:通过提问引导顾客的思维。)

顾　客:嗯,差不多吧。

导　购:哦,这就难怪了。可能您一时还不习惯吧,其实这个款式的裤子就是这种风格,您腿长,我觉得您穿这种稍微紧身一点儿的裤子其实更好看。(注:认同顾客想法,然后话锋一转赞美顾客,并以此为跳板去促成生意。)

顾　客:是吧?但我还是有点担心……(注:顾客犹豫不决,此时再果断推一下。)

导　购:李姐,长期穿一种风格的衣服确实容易形成习惯,其实您不妨适当改变一下,也让身边的人对您感到耳目一新嘛,您说呢?(注:推她一把!)

顾　客:好,就听你的吧,试一下。

导　购:李姐,谢谢您,我这就给您包起来。

可能有的朋友会说，说这么多废话做什么，但我想说，做销售就要学会巧妙地说"废话"，正因为这些"废话"让顾客感觉舒服，才让你后面的话不会变成废话。

所以，如果你希望顾客愿意听你继续说下去，如果你不希望顾客老是沉默不语，如果你想提高说服顾客的效率，那你就要想尽一切办法把话说得好听一些，这样你和顾客的关系会变得更加融洽，你的销售成功率自然更高。

赞美要引发顾客共鸣

经常有学员很困惑地问我："王老师，什么样的赞美才算好赞美呢？能不能教给我一两招，我照着用就有效果呢？"其实这真的有点儿难度，不过如果按照我提供的方法去做，也许就可以把赞美的话说得动听，那就是——通过对比，人为地拔高并引发顾客的情感共鸣。

通常我们可以拿自己或者其他人与顾客在某方面进行对比来形成反差，也可以通过前后感受来做对比，并且让顾客围绕该对比点引发联想，这样会激发顾客的情感共鸣。下面我们通过几个例子加以说明。

> **引发顾客共鸣的赞美模板**
>
> • 王先生，一辆宝马100多万元，按照我现在的工资，估计我这辈子也买不起（注：拿自己的收入与顾客拥有的宝马车形成对比，从而令顾客有优越感）。王先生，您今天拥有这么好的事业，我相信在您成功的道路上也付出了很多艰辛和努力，是吧？（注：引发顾客联想。）

（续）

> ・王先生，皇家国际公寓那可是我们这儿最高档的小区，1平方米都3万多元，我就是辛辛苦苦干一年也买不起1平方米呀。（注：拿自己的收入与顾客的收入做对比。）
>
> ・王先生，您真是孝顺呀，还惦记着给父母买东西，我这么多年还真没有怎么给父母买过什么礼物，想起来都挺愧疚的，这一点我真要向您学习呀！（注：拿自己与顾客对比。）确实也是，父母为我们累弯了腰，累白了头，是该我们好好尽尽孝心了。（注：引发顾客联想。）
>
> ・王先生，您一开始进来的时候，我特别紧张，觉得您好严肃。不过现在我发现，其实您这个人特别好沟通，我现在一点儿都不紧张了。（注：前后感受对比。）

对不同的顾客给予不同的赞美

如果是新顾客，你做到适当礼貌即可，不要轻易地大加赞美，否则顾客就会想："这人一定有什么目的，我得提防着点儿。"彼此还不是很熟悉就贸然赞美，只会让对方产生疑心乃至反感，弄不好赞美就成了谄媚。

如果是老顾客，你一定要留意其服饰、外貌、发型等有无变化，如果有，就及时献上真诚的有根据的赞美，切不可无中生有。

当然，顾客开完单后，你更应通过赞美来增加顾客的信心。因为顾客购买货品后，很容易怀疑自己买亏了或者买得不合适，所以如果买完后你对他说："先生，您真是太有眼光啦！这款是我们目前卖得最好的，很多顾客都很喜欢！"顾客心里就会觉得很安全、很舒服。

另外，赞美顾客身边的人或者借助别人的嘴巴来赞美顾客，效果也非常好。比如你可以说"张姐，你老公太有福气了，找到一位这么漂亮还这么会买衣服的老婆"或者"是的，刚才旁边的那位顾客也说您很有品位"等。

王建四独创赞美顾客 10 句话

以下 10 句赞美顾客的话术，我在培训时经常会用到，现在分享出来，大家可以结合自己的行业做适当调整。

赞美话术模板

- 王姐，真没看出来您是两个孩子的妈，您看着真是太年轻了。
- 王姐对人真好，每次为您服务我们都特别开心，如果其他顾客都像您这样，我们上班就太开心了。
- 王姐，您刚进店时我心里还有点儿紧张，觉得您挺严肃，不过现在看来其实您挺好沟通的，我现在一点儿都不紧张了。
- 王姐，您身上的香水真好闻，冒昧请教一下，您用的是什么牌子呀？
- 王姐，我接待过的顾客中，您最懂搭配，按照您的想法配出来的衣服确实好看。
- 王姐，说心里话，您的身材/皮肤这么好，穿什么样的衣服都好看。
- 王姐，这款衣服有很多人都试穿过，但说心里话，您穿起来感觉最好。

(续)

> - 王姐，我很少看到这么耐心陪老婆逛街的老公，您看先生一直默默地陪着您试衣服，还不断给您建议，王姐真幸福呀！
> - 王姐，我也见过很多人给妈妈买衣服，但您最用心了，还记得妈妈的尺码，真不多见。
> - 王姐，一套衣服两千多，一般人确实有点不舍得，不过您确实穿出这套衣服的感觉来了。

引导——控制顾客的思维，推动成交

与顾客沟通，导购一定要有意识主动引导顾客的思维及行为，让顾客朝着购买的方向前进。如果导购忽略了对顾客的引导，寄希望于顾客自我引导，那是不现实的。当然，如果导购没有及时引导顾客，却被顾客给引导了，那更是效率低下的表现，也是导购绝对应该避免的事情。

销售其实就是一门引导的艺术，做销售就是在做引导。我个人认为，如果导购在以下四个环节形成主动引导顾客思维的意识，对工作将大有帮助。

引导顾客进店

如果没有顾客进店，自然就很难有好的销售业绩。所以，导购首先要千方百计地引导顾客进店。进店后，无论顾客提出什么问题，导购无须争辩，只需要对顾客的问题做冷处理，同时顺势引导顾客往店铺深处走。因为顾客如果只是站在门口，而不走到店铺深处，或者顾客停留的时间不足，他多半不会做出购买决定。

引导顾客锁定货品

当顾客被导购主动引导进店以后，顾客可能四处浏览，也可能对某款货品有简单兴趣，但他的注意力是分散的，没有聚焦。此时，导购可以通过提问，引导顾客说出他的需求，只有知道了顾客的需求，结合顾客的其他特征，才能帮助顾客锁定货品。

引导顾客体验

导购帮助顾客锁定了适合的货品，就要针对顾客需求对货品做基本介绍。但只是一味介绍，顾客的注意力很难持久，所以最好的方法就是一边给顾客做介绍，一边引导顾客体验货品的卖点。导购一定要有意识去主动引导顾客全方位体验自家货品的好处。比如在鞋服行业，我一直对学员们说：只要顾客没有试穿体验，无论顾客提出什么问题，我们简单处理完，一定要主动引导顾客试穿。

引导顾客开单

成功签单更需要引导。当顾客关心的核心问题，比如价格问题被处理了以后，我们一定要通过提问去引导顾客回答我们，比如"您说是不是""您说呢"等。如果顾客沉默不语，我们就可以主动引导顾客开单，比如拿起小票直接给顾客签单，如果顾客不拒绝，就意味着顾客认可了。

做销售就是做引导，做引导就是做控制。引导顾客的思维就是控制顾客的思维，当顾客思维被我们引导过来了，发生转变了，其行为也自然会发生变化。所以，导购要具备主动引导顾客思维的意识。

第五章

销售开局

万事开头难，一开始就通过巧妙的招呼与顾客建立和谐的关系，将为接下来的销售工作奠定良好的沟通氛围，销售就成功了一半。

但很多时候导购热情地招呼顾客，顾客就是不说话，于是导购只好跟在后面，有事没事地喋喋不休，直到最后把一言不发的顾客送出门店。

本来现在进店顾客就少，好不容易进来一个顾客，转一圈就走了，看着顾客逐渐远去的背影，好悲伤。在门店里，这样的情况几乎每天都在发生，可以这么说，留不住顾客成为目前零售门店遇到的普遍性问题。

为什么顾客总是不愿意听导购介绍呢？为什么顾客老爱对导购沉默不语呢？为什么顾客经常爱说"随便看看"呢？

其实，顾客与导购之间有一层冰、一堵墙，它的存在极大地影响了彼此之间的交流，如果导购希望与顾客愉快交流，那么首先需要做的不是介绍货品，不是告知活动，而是快速破冰，推倒自己与顾客之间的这堵墙。

为什么总是热脸贴冷屁股

深圳富安娜家居用品股份有限公司（以下简称"富安娜"）曾邀请我讲授全国订货会的经销商培训课程。虽然我曾经服务过近20家国内家纺品牌，但课前我仍然坚持走访富安娜及其主要竞争品牌店铺。

在一家竞品店铺，我巧遇一位顾客进店，导购热情地冲过去用几乎发嗲的腔调招呼顾客："姐姐，欢迎光临！新款上市，请到里边随便看看！"顾客好像没看到感兴趣的东西。这时，导购开始贴身紧逼，同时嘴里念念有词地向顾客狂轰滥炸："姐姐，想看点什么？""买被套吗？""看到喜欢的没有？我给您介绍一下吧！""想买什么价位的呢？"可顾客一会儿这里看看，一会儿那里看看，就是不说话。此时，导购突然来了一个惊人之举："姐姐，您是不是哪里不舒服呀？"顾客摇头否认。导购追问道："那您为什么总不说话呢？"顾客似乎回过神来，立即反问："我为什么要说话？"语毕转身离开。

为什么导购总是热脸贴在冷屁股上呢？难道真是顾客的原因吗？我们是否分析过自己有什么地方需要改变呢？

案例中的招呼顾客的方式在10年前可能还有效果，现在的顾客早已经改变，有些导购却没有改变，依然重复着10年前的做法，效果自然很差。招呼顾客阶段，导购过于热情，反而容易引起顾客的抗拒。

造成热脸贴冷屁股局面的，可能还有另外一种情况。

有一位我的粉丝给我微信留言："王老师，当店里一天见不到几个人进来的时候，我们到底应该做什么呢？"销售有淡旺季，门店有淡旺场。零售行业，尤其是家居建材行业，在淡季的时候，进店顾客极少，导购在漫长的等待中难免会减弱积极性，开始疲倦甚至麻木。因为事情少了，所以有些人开始做一些不该做的事了，比如看剧、上网、吃东西、听音乐，或者干脆坐在那里傻傻地盯着门口发呆。

此时如果有顾客进门，导购心想：终于等来了一个，可算被我等到了！于是不管三七二十一，以排山倒海之势一股脑儿给顾客推介货品。可顾客呢？不理不睬，这里看看那里看看就走了。这样的软钉子连续碰到几个后，导购的心情自然就不太好了。

假如再有顾客进来，他们便开始用"沉默"的心去审视顾客：这个人是要买东西的吗？我看怎么不太像呀！看他的穿着打扮会买什么价位的呢？他到底想要什么呢？嗨，管他的呢，反正想买的迟早都会买，不想买的再怎么努力也没用，还是等会儿看看情况再说吧。于是顾客在店里随便逛了一圈就走掉了，导购麻木地送上一句"慢走"，并且开始暗自庆幸自己没有"热情迎接"，否则又要"热脸"贴一次"冷屁股"。

导购没有办法改变顾客，最好的做法就是首先改变自己，而不只是整天在店里唉声叹气，或者向老板诉苦抱怨。

生意不好时，导购应该最忙

一家店铺是否真有竞争力，不用看它生意好的时候业绩怎么样，因为生意好的时候，每家店业绩都不错，根本看不出水平高低，而应该看生意不好的时候，员工们的精神状态和行为表现。如果生意不好的时候大家精神委靡、士气不振，这样的团队就很难打胜仗，在竞争和危机面前，最先倒下的往往是这样的门店。

在全国各地授课的时候，尤其是在销售淡季，很多企业都希望我在课堂上给门店人员加油充电。其实，我一直认为，越是生意不好的时候，越是店里没人的时候，越应该是导购忙的时候。忙什么呢？我认为导购一定要努力去做一些与营业相关的事情，要处在工作的状态，比如打扫卫生、做货品整理、做门店陈列等。这样，顾客从外面看到店员忙碌的样子，就会感觉这家店生意不错，自然就会被吸引进来了。

如果你在上午10点左右去肯德基餐厅，你会发现，虽然顾客很少，但店员们都在为接下来的营业忙碌着。他们之所以这么做，是因为他们要通过准备营业及整理店面卫生等与营业相关的事情，营造忙碌而有活力的店铺氛围，从而吸引顾客进店。

根据对200多家不同行业、不同业绩的门店的跟踪调查，我发现，那些业绩优良的门店在没有顾客进店的时候，店员们都在忙着做一些与工作相关的事情，他们都处在工作的状态之中。

当然，除了做一些与营业相关的事情，使自己始终处于忙碌状态之外，店长此时还应该做一件事情，那就是组织店员学习充电，尤其是关于货品知识及导购技巧的学习。越是进店的顾客很少的时候，越需要提高每一单的接待质量，提高成交率。只有如此，才能保证店铺业绩不下滑甚至有所提升。否则即便顾客进店，导购一问三不知，也抓不住机会。通过组织导购学习，一方面让店铺处于忙碌状态，营造了店铺充满活力的氛围，另一方面提高了导购"抓单"的成功率，可谓一举两得。

除了抱怨，这六件事做了吗

店铺不可能每天都是旺场，实际上，"淡场"现象在店铺普遍存在（店面平时与周末的客流量肯定不同）。关键的问题是，当顾客没有光临门店时，导购应该做些什么？

回访老顾客

有数据证明，维护老顾客的成本通常是拓展新顾客成本的 1/5。曾经关顾过我们店铺的老顾客，我们不应该遗忘，可以通过电话回访加以维护，具体的话题可以先从产品开始："您好，××先生或女士，我是××店小刘，您还记得我么？上回您在我这儿买的鞋子，今天给您打电话是想问您穿得怎么样？有什么需要我们帮忙的吗？"

通过货品使用反馈、保养建议、积分兑换、店面服务升级等话题让老顾客感到被关心，再引出最新促销活动，这时顾客会容易接受。

发展新顾客

新顾客从哪里来？重点关注两类人群：一类是前期简单咨询过货品但未购买的人群，另一类是门店周边的兴趣点人群，包括小区、大厦、单位、学校等处的人员。如果店内销售不忙，店长可以组织销售人员对此类顾客进行集中拓展，比如下小区、电话拜访、论坛发帖等。

客户端引流

卖场有相对的"淡场"，但是顾客的消费需求永远有潜力。随着电商的崛起，门店也可以开通自己店铺的微信公众号，请进店顾客扫描微信二维码，时间长了，积累起来的粉丝就会很多。淡场时可以通过微信推送服务、营销信息。

整理卖场陈列，优化店铺环境

对门店专区的整体环境做全面检查，对于照明、柜台、库存、展陈等细节进行盘查、维护，及时处理需要进行修理和更换的物料。

员工内部学习充电

客流少，可以留少量的人做顾客接待，同时组织其余店员对品牌的功能、参数或销售技巧、话术进行培训。还可以直接在店员之间进行角色扮演，模拟销售过程，对销售流程的掌握进行演练提升。

具体的学习内容包括但不限于：

（1）学习"店铺标准运营手册"；

（2）学习新的货品知识，研究货品搭配等；

（3）来自终端一线的优秀员工的销售技巧分享与演练；

（4）必须学习门店常见问题的销售话术。

了解竞争对手及市场调研

我们的淡场，是不是竞争对手的淡场？不一定。趁着店内顾客不多，可以外出对竞争对手进行调研，了解他们的客流情况、活动信息、竞品信息、人员排班等。有经验的店长会重视"比价顾客"反馈过来的信息，安排专人去竞争对手那里调研，并针对自己的主推款进行"优势放大"（通过卖点广告宣传独特卖点等），吸引客流。

招呼顾客的三种方法

俗话说：成也萧何，败也萧何。在导购与顾客沟通的过程中，打招呼就是这样一个"萧何"。招呼打得好，将令接下来的工作变得简单自然；招呼打不好，一开始就会让沟通笼罩在相互戒备的阴影之中。

基于在家居建材及服饰珠宝等行业终端的长期调研，我提炼了三种招呼顾客的经典套路。

"不接待"招呼法

我父亲退休后,钓鱼成了他最大的休闲爱好。我一直在外授课,实在少有时间陪父母,心中很是愧疚。某天我决定抽空陪父亲钓鱼,可令我甚为沮丧的是,鱼似乎更喜欢父亲的钩。正在我沮丧之时,父亲一语道破其中的玄机:"你选错了鱼饵,你用钓鲫鱼的饵怎么可能钓得到鲤鱼呢?"父亲的一句话令我茅塞顿开。其实,卖场是个大剧场,上演着各种各样的剧本,自然也会遇到形形色色的顾客,他们的性格、爱好及目的等各不相同,这就注定了我们要采取不同的方法接待他们。打招呼也是如此,事实上,我一直认为:不是进店的每个人都需要接待。否则,效果往往适得其反。

"不接待"招呼法,即通过向顾客问候致意的方式来招呼顾客,然后以静制动,一旦发现接近时机来到,比如顾客主动询问或者顾客明显对货品有兴趣的时候,我们再主动为顾客提供服务。

这种方法特别适合接待闲散客、不好沟通的顾客及门店顾客较多的情况。但它相对比较被动,效率偏低,不建议大量单独使用。

传统帮忙法

顾客进店的时候,销售冠军不会总盯着顾客的钱包和自己的货品,而是想方设法地寻找顾客可能需要帮助的地方。其实,顾客需要帮助,正是导购接待顾客的最好契机。因为,每个人都希望得到别人真诚的帮助。你帮助顾客,顾客也愿意被你帮助,此时他心里面是暖暖的,你再去做销售沟通就更有氛围,也更容易得到顾客的配合和认可。

那导购如何给顾客提供服务呢？有的学员在课堂上告诉我：给顾客倒水、递毛巾，帮他保管手提袋或雨具等物品，请他坐或者帮他照看小孩，等等。其实这些都没有错，但当我询问他们如何帮助顾客做这些事情的时候，很多学员却做得不好。

切记，终端服务做的其实都是细小的事情，但是怎样把这些事情做好，那就是学问了。比如你帮助顾客保管物品，但假如顾客不让你保管，怎么办？此时你应该怎么说才能让顾客把东西交给你保管呢？导购应该在平时多思考诸如此类的问题，并把各种可能的情况都考虑到，才能做到工作中遇到问题不紧张，更从容。

还有，做服务的时候一定要有创意，做一些竞争对手没有做或者想不到的事情。我经常问我的一些学员：如果顾客带着小孩、老人或者男朋友（老公）来店，你会怎么样把她身边的人照顾好？为了更好地稳定小孩的情绪，你会为这位"非顾客"准备哪些道具以激发他的兴趣并令其愿意留在店铺玩耍呢？你会如何照顾顾客身边的老人，让顾客感觉有面子呢？你会如何接待顾客身边的异性朋友，让他配合你更好地做销售呢？

总之，当顾客进店以后，你一定要竭尽所能地去寻找顾客的"服务点"，然后真诚地去帮助顾客。记住，不是顾客不需要帮助，而是因为你没有站在顾客的立场去主动地、恰到好处地帮助顾客！我强烈建议大家在以后的工作中大量运用传统帮忙法，它能很快拉近你与顾客的距离。

传统提问法

传统提问法，即通过向顾客有节奏提问的方式引导顾客参与到销售面谈中,并且循序渐进地推动顾客朝购买的方向前进,直至成交。

导购运用这种方法积极主动、效率极高。当然,传统提问法对导购的要求也更高,这种方法尤其适合老顾客或意向客。需要特别注意的是:打招呼的初期一定要尽量提简单好回答的问题。这里给大家分享一件我亲身经历的事。

多年前,我到某通信卖场想选一款手机。

第一位导购热情地招呼我:"先生,买手机吗?"我无语,来这里不买手机难道来看你呀?当然,我也不会告诉他说我要买手机。于是,我面无表情地走过他的专柜。

第二位导购更加热情地招呼我:"先生,您想买个什么样的手机?"我更加无语,什么样的手机是什么意思?这个问题实在太大了,真不知道如何说起。既然一时不知如何说起,那就不说吧,反正卖手机的多得很嘛。于是我依然沉默无语地往前走。

第三位导购问我:"先生,您是想了解一下直板的手机,还是翻盖的手机?"我一直认为翻盖手机过于女性化,于是脱口而出:"直板的。""先生,直板手机确实接打电话都很方便,很多男性都倾向于直板。那先生您是喜欢屏幕大一点的,还是小一点的?""当然,屏幕大点看短信方便些。"……后来我在这位导购手中买了手机。

为什么前面两位导购都"牺牲"了,第三位导购却可以把手机卖给我?因为第三位导购招呼顾客时采用了简单、好回答的提问方式,这样的问题更容易"撬开"顾客的嘴,进而与顾客做深度沟通。

用传统提问法招呼顾客,导购一开始一定要提一些简单并便于回答的问题,其目的就是让顾客开口说话。只要顾客一开口说话,接下来的沟通就会更容易。

招呼顾客的语言模板

- 先生,您是第一次来我们店吗?
- 美女,您以前有听说过我们这个牌子吗?
- 先生,您家里装修做到什么阶段了?
- 先生,假如我没猜错,您这件衣服是××面料的吧?

实战演练

导　购:欢迎光临!(注:顾客微笑点头,属于好沟通的顾客,导购立即追问。)先生第一次来我们店吗?(注:提简单好回答的问题,建议多用。)

顾　客:嗯,以前没怎么听说过你们牌子。(注:顾客说话了。)

导　购:先生不知道我们品牌,说明我们工作没做好,这是我们的错。不过没关系,您今天来了刚好可以简单了解一下。先生,您家装修到什么阶段了?(注:首先降低身份赢得好感,然后话锋一转以提问切入主题。)

顾　客:地面都差不多了。

导　购:哦,那现在是该订家具了。这样等新房装修好以后放两个月就刚好可以搬进去了。先生,请问您家准备做什么风格的呢?(注:先附和顾客,然后开始探询。)

顾　客:欧式风格的,老婆喜欢。(注:顾客一边说话,一边随意闲逛。)

导　购:嗯,庄重典雅有档次。顺便问一下,房间光线怎样?(注:附和后继续提问。)

顾　　客：我们皇家国际公寓的每个房间都朝阳，窗户也大，光线绝对没问题。（注：顾客一兴奋就略带炫耀地扯起其他话题。）

导　　购：皇家国际公寓我们也有几位顾客，那可是成功人士云集的高档小区呀，户型确实不错。对了，您家里是准备铺地板还是瓷砖？（注：及时赞美并顺势追问。）

顾　　客：孩子喜欢地板，客厅和卧室都铺地板。

导　　购：哦，地板配欧式风格确实好看，据我了解皇家国际公寓的客厅也特别大，这样摆上欧式家具显得更高档典雅。（注：继续赞美的同时巧妙地询问房间面积。）

顾　　客：是的，我家客厅有30多平方米。对了，我把客厅和两个套房的房间面积尺寸都抄来了。（注：顾客把纸片掏了出来。）

导　　购：先生，根据您刚才所说的情况，我们这里有几套家具就特别适合您，您可以先了解一下。来，先生，这边请……（注：情况了解差不多后再直接推荐家具。）

招呼顾客的九字经

我发现有些导购在接待顾客时左右为难：主动上去招呼吧，顾客经常让自己自找没趣；不上去招呼吧，老板又觉得自己工作不主动。

其实，导购只要熟练掌握顾客招呼的三种方法，再配合"九字真经"，并且经常演练接待顾客的语言套路，接待顾客完全可以变得轻松自如。

站好位

在招呼顾客的时候首先要站好位,如果因为站位不好,每天可能就少进来1名顾客,每个月就会流失30名顾客,30名顾客就可能损失3单。所以,千万不要以为站位是小事。

那导购到底应该怎么站位呢?具体而言,可以从两个方面来把握。

1. 位置

一般来说,导购站位的时候,以下几个位置不可以选。

(1)离门口过近的地方。因为这会给顾客心理压力,所以站立位置选择至少离入口三米远的地方。

(2)主通道。站在主通道上,会阻挡顾客行进路线或者让顾客感觉不便进入,所以,导购应该选择站立在辅通道上。

(3)看不到顾客的地方。不要站在模特、柱子或拐角后面,因为这样不便于导购在第一时间招呼顾客,也会惊吓到顾客。

当然,由于卖场动线随时都在调整,所以要根据具体的动线结构、门店布局、店员分工等因素,提前确定站位的地点。

2. 站姿

站姿也有讲究,一定要掌握灵活性与原则性的平衡。如果一味要求导购以标准姿势站立,并且一连站一个多小时,一个个站得精疲力竭,等到顾客进店的时候,导购已经没有精力去接待顾客了。这样既增加了导购的工作强度,又影响了卖场销售业绩。

所以,我建议通过分析各时段的销售数据,找出从周一到周日的销售黄金时间,并进一步确定黄金时间里的黄金时段。在黄金时段里,店员要按照标准姿势迎接顾客，其他时段则可以安排店员适当休息和放松，让他们养精蓄锐，以更好的状态迎接即将到来的工作。这样既不影响销售业绩，又降低了导购的工作强度。

管住脚

有一部分导购总以为进店的每个人都会买东西，以为每名顾客都希望得到我们热情的接待，所以在接待顾客的时候，表现得过于热情，可这一热情，脚步方面就特别容易出问题，这主要表现在两个方面。

1. 冲得太快

所谓"冲得太快"，是指导购看到顾客进店后表现得过于兴奋，大步流星地迎接顾客并用过分的热情"轰炸"顾客。

其实，顾客刚进入一个陌生的环境，心里难免会有些戒备感，所以在顾客进店时，导购应该尽量给他留一点儿时间来适应新环境。如果此时快步前迎，容易"打草惊蛇"，并且一旦"蛇"被惊扰而产生警觉感，将使接下来的沟通变得极为困难。

所以，我建议导购在顾客进店打招呼时，往前移动两三步然后原地徘徊即可，千万不可以快步前迎。

2. 靠得太近

普通导购习惯对顾客采取贴身紧逼的战术，事实证明这种方法效果并不理想，尤其对于闲散客和初次进店的意向客效果更差。因为现在的顾客越来越独立，他们希望只在自己有需要时及时得到导购的帮助，他们更希望有一个相对自主的空间来做出购买的决定。

有研究表明，三米左右的距离给顾客的压力相对较小。所以我建议导购打招呼时最好与顾客动态保持三米左右的安全距离。在这个动态跟踪的过程中，导购可以装作巡视卖场、检查货品或者照看卖场其他顾客，同时要自然地扫视顾客动态，发现顾客需要帮助时再接近顾客近身服务，但千万不要偷偷地瞟或瞄顾客。

管住嘴

门店销售中的"祸从口出"，指的是导购说话时不够谨慎而招致麻烦。在门店中，我发现确实有相当一部分导购因为招呼顾客不当而招致顾客的消极反应，但这些导购甚至店长都没有意识到问题的严重性。问题主要表现在两个方面。

1. 不会提问

你知道顾客在进店前心里是怎么想的吗？顾客会告诉自己："等一会儿如果导购跟我说话，我就不理他们，因为只要我一说话，就会被他们抓住"把柄"，从而落入他们设计的"圈套"，我要保护自己，让自己轻松地来，没有任何心理负担地走，而我保护自己的最好方法就是不说话或者说随便看看。"

针对顾客的这种心理，导购可以采用提问的方式与之沟通。前面说过，提问可以帮助我们打开顾客心扉，让顾客快速进入销售面谈中。但一定要注意提问的艺术，否则就可能招致顾客的反感，人为增加沟通难度。因为提问会给顾客施加压力，不适当的和过于敏感的提问甚至会激怒顾客。

哪些属于不适当和比较敏感的提问呢？一般地说，那些询问顾客买不买、要不要、喜不喜欢等的提问，比较容易导致顾客保持沉默或者选择否定性的回答。比如，顾客进店的时候，导购立即上前张口就问：

"您想买点儿什么？"

"买鞋子吗？"

"看到喜欢的没有，要不要我给您介绍一下？"

"您是想买真皮的，还是布艺的？"

类似提问给顾客的压力过大，会让顾客更加守口如瓶。

2. 说得太多

导购说得太多而顾客沉默不语的现象在门店比比皆是。通过观察和了解，我发现那些普通导购总喜欢以语言炮火压制顾客，并期待顾客因此喜欢自家货品，即使顾客不喜欢，导购也可以自我安慰，或跟老板有个交代："老板，我该说的都说了，可顾客还是不买，这与我没关系，是顾客的原因。"

其实，导购在接待顾客时，说得越多业绩越差。销售冠军在一开始接待顾客的时候，都是想方设法地让顾客多说话。因为他们知道，只有顾客愿意说话了，自己才能知道顾客的想法和需要，也才可以为顾客推荐适合的产品。

如果你以前接待顾客时，顾客对你的提问总是沉默不语；如果你也曾喋喋不休地说，而顾客就是没有反应，那么，我建议你：放弃喋喋不休地说，以智慧的提问取而代之。

接近顾客的妙招

接近顾客是店铺销售的一个重要步骤，也是一项很有技巧的工作。这方面做得好，不但可以拉近与顾客的心理距离，还可以尽快地促成交易；反之，未开口便吓跑了消费者。一起看看下面的原则，或许能给导购在销售过程提供经验。

主动招揽生意

店铺销售一定要积极、主动，有亲和力。在店内没有顾客的时候知道主动去找顾客，而不是坐在店里默默地等待。当有顾客走近时，非常和善地打招呼，让顾客不进去看一看都不好意思。礼貌热情地打招呼可以带动顾客走进店铺。顾客进店观看货品，便为销售做好了铺垫。

打招呼时主动介绍店铺特色

打招呼时，主动介绍自己店铺的特色，例如，新货刚到、进行打折优惠、店铺专营某类品牌等，都可以用简短的语言介绍给顾客，增加顾客的关注度。毕竟谁都喜欢新款货品，而且谁都想用最少的钱买到最好的东西。

避免过分热情

我想你一定有这种经历,有时候你在专卖店或商场购物时,会碰到一些过分热情的导购,他们老远就会和你打招呼,当你走进他们的专柜时,他们更是尾随而至,寸步不离,并且喋喋不休地介绍他们的货品如何。顾客大多喜欢宽松、自由的购物环境,让他们从容地观赏和挑选,不分青红皂白的介绍反而会让他们感到无形的压力而迫不及待地想逃之夭夭,所以导购切忌过分热情。

引导顾客体验

当顾客仍然不认同你的观点的时候,也不再讲多余的话,最好要求顾客体验,因为这时的语言是苍白无力的,说出的话是很空虚空洞的,说多了还会引起顾客的反感,激怒顾客甚至促使顾客马上离开。为了证明自己观点的正确性,同时留顾客在店里待更长的时间,最好要求顾客体验,之后再次引导顾客。

第六章

读懂顾客

小猴子去钓鱼,第一天扫兴而归,第二天依然两手空空,但小猴子特别执着,它坚持到了第三天。终于有一条大金鱼从水中一跃而起,愤怒地朝小猴子大声叫嚷:"你别再用香蕉当诱饵了!"

你是不是也在"用香蕉钓鱼"呢?顾客进店明明是有自己需求的,你却总是向顾客推荐你认为质量最好的、利润最高的、款式最新的、卖得最好的货品,顾客怎么可能买你的账?

只有你的"诱饵"对路了,你介绍的货品符合顾客的需求,顾客才能有兴趣,你也才真的有机会。

下面来分享一个案例,这是我为格力空调做山东经销商及店长培训时,在某品牌空调店面看到的真实一幕。

错误应对

导　购:您好,欢迎光临××专卖店。

顾　客:有变频空调吗?

导　购:有,变频空调在那边,请跟我来。

顾　客:这款多少钱?(注:顾客看到有一款刚到的新品。)

导　购:2999元。

顾　客:这么贵呀,打几折呢?

导　购:现在做活动,可以打8折。

顾　　客：太贵了。

导　　购：一分钱一分货，我们是世界名牌，质量好……

顾　　客：我看人家格力品牌也是世界名牌呀，并且东西也差不多。

导　　购：牌子不一样，东西也不一样呀。（注：这样的解释没有说服力。）

顾　　客：算了，我再看看其他的。

导　　购：随便你……

该案例中的导购，工作被动消极，根本没有意识到要抓住顾客主动沟通，让这么好的销售机会白白地从身边溜走！

为什么导购的介绍总是不能激发顾客的购买欲望呢？到底顾客想买什么样的东西，他们心里到底是怎么想的呢？相信每位朋友都想知道答案。

其实，问题不是出在别人身上。导购首先必须改变的是自己错误的想法和行为。

好货品未必卖得好

很多导购抱有这样一个朴素的想法：只要我能够向顾客证明我的货品质量比别人好，或者我的东西价格比别人便宜，顾客就会买我的货品。所以，当顾客进店的时候，他们总是迫不及待地围绕着这两个方面向顾客做语言轰炸。

但请问：法拉利推销员有必要向一个流浪汉证明法拉利的高品质吗？高档别墅的销售员会向一个普通的工薪阶层的人介绍别墅的尊贵吗？

这就告诉我们一个道理：好货品不一定卖得好，卖得好的不一定是好货品，因为顾客最需要的其实是最能解决自己问题的货品！

可事实上，有相当一部分导购都陷入了"只要货品好或者价格便宜顾客就会买"的销售误区。这种想法导致导购在接待顾客时唱"独角戏"，而一旦遇到顾客拒绝，导购就会很自然地向老板和公司抱怨"货品不好，价格太高"。

导购如果想激发顾客的购买兴趣，首先需要了解顾客的的痛点，越了解顾客的痛点，导购推荐的货品就可能越适合顾客需求，并且顾客的购买欲越强，对价格越不敏感。

实战演练

导　购：您好，欢迎光临上海工艺大师专卖店。

顾　客：有真皮沙发吗？

导　购：有，真皮的在这边，请跟我来。

顾　客：这款多少钱？（注：顾客看到一款浅紫色沙发。）

导　购：这是我们今天刚到的新款，靠背设计非常有特点。顺便问一下先生，您选沙发是侧重功能还是材质？（注：提问与顾客互动并了解其需求，摆脱一问一答的销售模式。）

顾　客：应该两个都重要吧，不过我喜欢靠背舒服那种，毕竟沙发要经常坐。

导　购：是的，您说得有道理。请问您是换沙发，还是搬新房？

顾　　客：换沙发。

导　　购：现在用的沙发有什么不好吗？（注：就靠背继续深度询问。）

顾　　客：坐起来不太舒服。

导　　购：哦，它怎么让您不舒服啦？（注：深度挖掘靠背方面的问题。）

顾　　客：躺久了就腰酸背痛，关键是看电视总觉得不舒服（注：让顾客自己说出来。）

导　　购：哦，那我们这款沙发的靠背设计刚好可以帮助您解决这两个问题。

顾　　客：怎么说呢？这个靠背有什么特点呀？

导　　购：先生，我们这款沙发的靠背采用高分子高弹海绵，保证靠背柔软不变形，可以充分保护您的脊椎，更为关键的是它根据人体特点设计了独特的128度靠背角度，让您无论是坐还是躺都非常舒服。您看……（注：就靠背方面，有针对性地展开介绍并聚焦在顾客使用的利益上。）

成功的导购，做得像医生

如果你去医院，医生对前面的病人非常认真，询问了很多细节性问题并做了全面检查，轮到你的时候，医生只是象征性地问了你两个问题，就提笔开药。你会有什么感觉？你感觉舒服吗？你信任这样的医生吗？你敢吃这位医生开的药吗？

我相信，每个人遇到这种情况，都会对医生的专业性和责任感表示怀疑，更谈不上信任。其实，不少导购有时候也会犯这种错误。

------- **错误应对** -------

导　　购：您好，欢迎光临××专卖店。

顾　　客：……（注：顾客没说话，在强化地板区停下了脚步。）

导　　购：先生，这是我们本季卖得最好的一款强化地板，采用高密度纤维板，水晶图案，耐磨系数都在9000转以上，而且……（注：尚未沟通就详细介绍"药品"，这是我们接待顾客常犯的毛病。）

顾　　客：我随便看看……（注：顾客离开后来到实木复合区。）

导　　购：先生，这款皇者系列实木复合地板现在打6折，非常划算。它采用亚洲专供超级环保基材，所有板材边缘都使用环保胶水做封边处理，甲醛释放量低，而且它导入了一拍即合智能锁扣设计……（注：又开始自说自话。）

顾　　客：……（注：顾客没有说话，继续看产品。）

导　　购：先生，现在买我们的地板可以享受买地板送液晶电视和空调的优惠活动，今天是最后一天。（注：希望通过促销来吸引顾客。）

顾　　客：哦，我再到隔壁看看去……

这位导购的问题在哪里呢？他清楚顾客的需求吗？他有通过提问让顾客参与进来吗？我们发现，整个过程都是导购一个人在表演——说得多、问得少。这样的沟通沉闷而低效，导购自己的感觉也不会太好。

如果导购能像医生一样，先通过提问了解顾客的需求，可能结果就大不一样。那到底应该问哪些问题呢？一般来说，要问一些与顾客购买的货品相关的背景性问题。

所谓背景性问题，就是何人、何时、何地、在何种环境下为何要使用该货品，导购一定要结合赞美及认同技巧大量地探询顾客的背景性问题。比如，在家纺、地板、瓷砖、卫浴、家具、橱柜及家电等家居建材行业，我们通常可以问的背景性问题如下。

背景性问题模板

- 您家做的是什么装修风格？
- 房间的光线怎么样（或朝向、是否每个房间都有窗户等）？
- 您家的地面/墙面/门/窗帘什么颜色？
- 您家客厅多大面积？
- 水电气表及管路位置是怎样的（该项针对厨房、卫生间场合）？
- 床多长多宽？结婚用，还是平常用？是老人用吗？

下面针对上面的案例，我结合背景性问题重新设计了语言模板，希望对各位有所启发。

实战演练

导　购：您好，欢迎光临××专卖店。

顾　客：……（注：顾客没说话，脚步停在强化地板区。）

导　购：先生您好，先生是第一次来我们店吗？（注：用传统提问法接待顾客，可增加顾客的参与感。）

顾　客：嗯，好像没怎么听说过你们这个牌子……

导　购：哦，对不起，先生，看来我们工作没做好。没关系，今天您来了，可以先了解一下嘛。先生，您家装修做到什么阶段了？（注：简单处理问题后立即主动探询需求。）

顾　　客：装修刚开始，先提前来了解一下地板。

导　　购：铺地板要提前做地面准备，所以您现在来看地板刚好合适。请问先生怎么称呼？（注：问清顾客的称呼，有助于拉近与顾客的距离。）

顾　　客：张。

导　　购：哦，张先生。张先生，请问您家准备做成什么风格？（注：简单认同顾客，然后继续提问。）

顾　　客：欧式。

导　　购：张先生，欧式风格确实很漂亮，顺便问一下，您家客厅多大？（注：赞美顾客装修风格，然后继续提问。）

顾　　客：35平方米。（注：顾客话题还没打开时，说话总是这么简洁。）

导　　购：张先生，35平方米的客厅装欧式风格非常有面子。张先生，请问一下，您的家具现在确定没有？（注：赞美顾客房间面积，然后继续提问。）

顾　　客：家具已基本定好。这个与地板有关系吗？

导　　购：张先生，地板与家具的风格及颜色是否匹配非常重要。请问您的家具是什么风格和颜色的呢？（注：处理完顾客质疑后继续提问。）

顾　　客：都是欧式红木家具，颜色偏朱红。

导　　购：红木家具可是家具中的极品呀！张先生，我向您推荐我们新到的两款实木地板，非常适合高端家庭使用，您先了解一下。张先生，来，这边请……（注：巧妙赞美顾客并顺势引导顾客。）

根据重新设计的语言模板可以发现，导购不要一开始就过多聚焦产品，而应该侧重于向顾客提问，迅速打开顾客心扉，通过循序渐进的提问"撬开"顾客的嘴，让顾客参与到销售沟通中，以便获取更多的顾客信息。如此，可以让销售变得简单轻松。

如果你想让自己与顾客沟通时变得更容易，如果你希望顾客滔滔不绝地与你侃侃而谈，那就请养成一个良好的习惯——提问，像医生一样去给顾客做"诊断"，"诊断"得越详细越具体，"开处方"时顾客"照方抓药"的可能性就越高！

你看到的，才是真的

你是否询问过"先生，您想买什么价位"之类的问题？如果有，我想说：这个提问有些业余。有的朋友说："我要知道他的消费能力，才好推荐货品呀，否则客人觉得贵不买怎么办？"可问题是，这个提问让顾客尴尬了，他对你不会有好感觉了，不是吗？

那怎么办呢？其实，我们可以通过观察及隐蔽式提问了解到顾客需求，并且很多时候，通过这两种方式得到的答案往往更真实。

当招呼顾客进了店以后，导购不要立即询问需求或者介绍货品，最好对顾客的衣着打扮及购买行为进行10秒钟左右的观察分析。

首先，通过观察顾客的衣着打扮可以大致判断顾客的购买力。如果顾客开保时捷，戴欧米茄，拎路易威登，穿阿玛尼，他的购买力也不会差到哪里去吧？

所以，问问自己是否可以一眼看出顾客的衣服品牌，是否可以很快鉴别出一块手表或一个手镯的价值。这要求导购除了精通本行业产品及专业知识，还要懂得时尚领域专业知识及流行趋势。

其次，通过观察顾客购买行为也可大致了解顾客喜好。如果顾客一直在看 T 恤，你就没有必要问："先生是想看 T 恤还是衬衣？"如果你发现顾客连续看了三件带拉链的夹克，那说明他对拉链式夹克比较感兴趣。如果顾客看的都是纯色的衬衫，那说明他喜欢纯色而不是带条纹的衬衫。如果顾客连续看了三款真皮的沙发，那说明他喜欢的可能是真皮而非布艺的沙发。

也就是说，导购不一定非要询问，通过观察顾客的衣着打扮及购买行为，也可以判断顾客的需求点。

请问你以前是否有意识地这么做过呢？如果没有，从今天开始，请不急于去卖货，而是先放一放顾客，让他自己去看东西，你需要做的就是在身后观察顾客并做简单归纳分析。

成功销售，赢在定向

通过前期对病人的问诊，医生了解了病人的基本情况，接下来医生心里开始确定哪些药针对患者病情，然后把这些药品写在处方单上。医生开处方的过程其实就是在做"货品定向"。医生做"货品定向"，一定要基于对病人情况的充分诊断。

导购为顾客做货品定向也是如此。不要以为你探询到顾客问题和需求后，顾客就会愿意聆听你的介绍，此时，你还要做一件很重要的事，那就是根据顾客需求和情况对货品信息进行快速整理和归类，在大脑里快速浏览并锁定满足顾客需求的货品，我经常说这就是"开处方"。这是一个将顾客需求与店铺货品做合理匹配的过程，它要求导购对门店货品非常熟悉，对库存情况非常了解，当然，这只是基本功。要做好这个基本功，导购在"开处方"的时候应考虑以下因素：

（1）快速回顾"顾客的问题和需求是什么""顾客最关心什么"；

（2）店里到底有哪几款货品适合顾客的情况；

（3）如何介绍这几款货品的功能、材质、款式及工艺等方面的卖点；

（4）这几款货品的价格、库存及存放位置等。

当导购对以上问题进行了充分准备及认真思考后，就可以自信满满地向顾客推介，货品定向过程亦可宣告结束。可能有的朋友会觉得"开处方"的过程有点短，事实确实如此，因为前期导购对顾客做了充分的"诊断"，令"开处方"变得容易。

想方设法留住顾客

用好奇心留住顾客

人人都有好奇心。人们对自己不熟悉、不知道、不了解的事物充满好奇，希望一探究竟。导购要擅于利用顾客的好奇心，制造悬念和神秘感，吸引顾客。

"王先生，请问您知道这款衣服最大的卖点在哪里吗？"顾客摇摇头，表示猜不准。导购接着说："王先生，您看这件衣服的腰身。"顾客还是没看出来。导购继续说："王先生，您有没有发现，这款衣服的腰身有什么不一样呢？"

尽可能利用提问方式激发顾客的好奇心，让顾客说你想说的话，这是介绍产品的最高标准。

用新品留住顾客

几乎所有顾客都对新品感兴趣。谁不愿意拥有新款呀？但有些导购向顾客提醒新品上市时照样遭到了顾客的拒绝。其实，这是店员说话有问题。

给你一个忠告，千万不要说一些容易遭到顾客拒绝的话，如："先生，现在有新款到货，请问您有没有兴趣？""先生，这是我们最新款，您喜欢吗？"

你一定要相信进店的顾客肯定是要买东西的，要按照顾客一定会买的假设去提问和去推销。这一假设对成交至关重要。

用促销留住顾客

许多顾客属于促销型顾客，他们对品牌没有忠诚度，对促销有忠诚度。哪个品牌做促销,他们就买哪个品牌。针对这类顾客的心理,导购见到顾客时,马上要把店里正在开展的促销活动信息告诉顾客,让顾客产生购买欲望。

响鼓还要用重锤敲。导购不仅要告诉顾客店里在做促销,还要用兴奋甚至略带夸张的腔调把促销的信息说出来,以刺激顾客的购买欲。如:"姐,我们店里正在做活动,现在买是最划算的时候!"将"做活动"和"最划算"用重音读出来。

为什么一些门店开展的促销活动效果不彰?原因之一就是促销信息被店员白白浪费了。门店开展的促销活动,不仅要让顾客看到,还要让顾客听到,促销活动入耳才能更让顾客动心。

第七章

塑造货品价值

如果你做的是服装销售，你是否遇到过不经试穿甚至不问价格就立即买下衣服的顾客呢？如果你做的是家居建材销售，请问你是否碰到过根本不关心质量、款式、花色和工艺，甚至不考虑货品是否与家里的装修氛围协调，就付钱下单的顾客？

相信大多数朋友都会给予否定的回答。其实，这告诉我们一个道理，那就是无论你做哪个行业，顾客在成交之前都要或多或少地了解货品的相关情况，看它是否适合自己、价格是否值得。因为顾客要对自己的钱包负责，顾客可不希望自己成为"冤大头"。

导购常常陷入误区，习惯并陶醉于自己精彩的货品介绍，好像除了货品就没什么好说的，但顾客往往对此毫无感觉，甚至掉头就走。

究其原因，要么是导购的介绍苍白无力，很难激发顾客的兴趣，要么就是导购在唱独角戏，不能让顾客动动手、动动脚，找到体验为实的感觉。比如，导购说"手感好"，但顾客没有亲手摸一摸，怎么知道手感好？所以，导购要想办法调动顾客的主动性，让他自己去摸、去拉、去闻、去听、去敲，让他亲身体验使用货品时的良好感觉，他才会印象深刻。

研究表明，顾客对货品了解和体验得越多，最后购买的可能性就越大。所以导购是否能够抓住顾客的问题，聚焦卖点并引导顾客进行全方位的体验就非常关键。

热爱货品，信任货品

顾客对那些说话支支吾吾、吞吞吐吐的导购总是缺乏信任感，因为他们感觉这样的导购不真诚、有问题，甚至怀疑导购在撒谎。所以导购与顾客说话时一定要保持语气自然、表述流畅，否则导购的形象将大打折扣。

当我问存在这种问题的导购，他们为什么会支支吾吾、吞吞吐吐时，其回答居然惊人地相似："我刚来不久。"可顾客不会因为你是"新来的"就原谅你，他会选择不信任你，然后离开你。

作为一名专业导购，如果你对自己的品牌和产品都不了解就去"揽瓷器活"，最后的结果可能是"钻"和"瓷器"两败俱伤！

那到底应该怎么做才能让自己的介绍得到顾客信任呢？请问，当你向别人介绍自己最爱的人，比如你的孩子或者老公时，你是什么感觉？你是不是神采飞扬，兴奋之情溢于言表呢？你的介绍是不是特别生动，听你说话的人也是频频点头配合你呢？为什么会这样？因为首先你爱他们，其次你熟悉他们。如果你在介绍货品时拿出这种状态和水平来，你介绍的效果就不会差到哪里去。

业绩超棒的销售冠军都热爱自己的品牌，理解自己的货品，顾客也往往更尊重和信赖这样的导购。所以，导购要简单了解行业发展状况，理解自己所售卖品牌的风格定位，洞悉目标顾客的生活方式，熟悉主推款的工艺材质及功能卖点，以及自家货品与竞品相比较的优缺点等。

这些工作在销售前期都要充分准备，实战时拿来就用。通过对这些知识的准备，你还可以建立对行业、品牌及货品的了解和信心，从而在接待顾客时更加信心满满。

聚焦顾客，关心顾客

有些导购患有"营销近视症"，他们会非常熟练地把货品说明书上的信息全部背诵下来，然后自说自话地对顾客重复着说明书上的内容，其结果不言自明——顾客不感兴趣。我认为，要避免"营销近视症"，导购就一定要抓住顾客的问题和核心需求点。只有如此，才能让顾客感觉到导购了解自己并能帮助自己解决问题。

以下是聚焦顾客问题的货品介绍的正、反示例。

通常模板

这套家具采用田园风格设计，颜色素雅大方，并且您看它的上层隔板空间非常开阔。（注：具体介绍家具风格、颜色及隔板，没有结合顾客实际问题和需求。）

改良模板

李先生，我向您推荐的这套家具采用田园风格设计，与您家整体的中式装修风格相映成趣。考虑到您家窗户光线不是特别好，所以我们建议您选择明亮素雅的颜色，这会让房间显得更加开阔。而且李先生，您看它的上层隔板非常开阔，您可以把不常用的东西比如被褥、冬衣等放在这里，这样您就再也不用为找不到放这些东西的地方发愁了。（注：介绍家具并结合顾客的实际问题，让顾客感觉这款家具更适合其需求。）

除了基于顾客问题进行介绍，导购还要真正把握顾客最关心的核心需求。其实，顾客在购买阶段都会比较相关品牌，尤其是购买家居建材货品时。但顾客也明白,不可能在款式、价格、质量、材料、工艺、设计等方面找到十全十美的货品,他要做的就是在各种喜好之间做出最优取舍。

如果顾客特别重视质量,那么,如果你能够证明在款式、价格、环保性及服务等方面与竞品差不多的情况下,你的货品质量最好,你就赢定了。所以,在与顾客沟通的过程中,一定要随时关注顾客的核心需求点。一般来说,这些核心需求点可以通过顾客的语言与行动表现出来。如果顾客反复问某个问题,不断关注货品的某个细节,那即是顾客的核心需求。接下来你就要围绕该点反复不断强调和介绍。

大自然地板曾邀请我为其全国各地省级总代理做过十几场巡回培训。当我们来到山东片区培训的时候,我抽出时间去当地大自然地板的店铺做实地调研。

有一位顾客非常关心地板的环保性,导购却不断讲店里正在做的某个活动如何优惠、这款地板做工多么好。当然环保方面也讲了,但只是一笔带过,没把它当作重点介绍,结果顾客对环保性好的印象并不深刻。

经现场辅导,导购知道了自己的问题,并演练了相关语言话术。后来这位顾客再回来的时候,她巧妙地改变了介绍重心,结果很快就成功地开出一单。下面我们来看看导购围绕顾客看重的环保性而进行的针对性介绍。

实战演练

导　购:李先生,您好,欢迎光临!

顾　客:嗯,再比较一下……(注:顾客显然有兴趣,现处于比较阶段。)

导　购：李先生，我想您也比较过很多家了，但买地板一定要多关注环保性，毕竟以后我们每天都要跟它接触，您说是吧？（注：把话题拉到环保性上。）

顾　客：是的，看了几个牌子，我就是担心这个呢，每个人都说自己东西好，真不知道该相信谁……

导　购：李先生，您有这种想法很正常。我们以前也有一些老顾客和您一样，觉得我们的东西要贵一些，但后来经过比较决定买我们的地板，其实他们最看重的还是我们地板的环保性。李先生，您知道应该如何鉴别地板的环保性吗？（注：认同顾客，然后通过询问为接下来的环保性介绍做铺垫。）

顾　客：也不是很清楚。

导　购：李先生，地板环保性如何，您要从材质和工艺两个方面来看。首先您要看板材环保等级及胶黏剂、油漆等辅料的品质。高环保的地板一般都用E0环保基材，并且大多采用进口胶黏剂和油漆。我们的地板采用的就是这种材质，所以您看到相对××品牌来说，我们的地板会贵一点儿。李先生，您清楚E0环保基材是什么概念吗？（注：为顾客提供标准。）

顾　客：什么意思呀？

导　购：李先生，您平时喝啤酒吧？根据国际标准，啤酒中的甲醛含量≤2.0mg/L，我们地板是E0级的，也就是甲醛含量≤0.5mg/L，比啤酒中的甲醛含量还要低呢。（注：先不回答而是采用类比，便于顾客理解。）

顾　客：是吧，我还真的没注意呢。

导　购：李先生，除了看材质，您还要看贴面和封边工艺。如果这些环节做不好，地板在使用中也会出现家居污染的情况。我们的地板贴面时，采用的是最高标准的热压时间、温度及压力，而且封边材料和设备从意大利引进，这些都可以保证我们的地板真正令顾客放心。您看这里有国家市场监督管理总局为我们公司出具的产品甲醛含量证书。(注：适时提供一些检测证书及媒体报道等。)

顾　　客：你们品牌是不错，但是价格可以再低点儿吗？

导　　购：李先生，您知道，E0级地板比E1级地板价格确实要贵一些，毕竟成本都不一样，您说是吧？

顾　　客：再少500元，我就买你家的了，可以吗？

导　　购：买地板，价格、质量及服务都很重要，但安全性其实最重要，万一买到安全性差的地板，家人健康出现问题，那就不是500元可以解决的啦，您说是不是？李先生，价格上我真的不能给您再少了，但我们可以在安全性及服务品质上给您做到最好，让您买得放心、用得安心。这些其实才是更重要的，您说对吗？(注：通过利害对比进一步强调环保性，并推动顾客下定决心。)

顾　　客：你太会说话了！嗨，行吧，那就定你们家的啦。

导　　购：谢谢李先生，我们大自然一定会用我们最高品质的产品和完善的售后服务让您满意的。您稍等，我给您开单。

使用FABE技巧介绍货品

为什么我们介绍的货品总无法引发顾客的兴趣？为什么顾客总是不

愿意听我们详细介绍货品？你思考过到底应该怎么介绍货品吗？你觉得自己的销售介绍有"杀伤力"吗？

其实，很多导购根本不知道怎么介绍货品。他们最常犯的错误就是这里介绍一下，那里介绍一下，眉毛胡子一把抓，语言混乱不说，还喋喋不休，最后直接把顾客说跑了。

在这里，我们需要学习介绍货品的FABE技巧。FABE即：特性（features）—优点（advantages）—好处（benefits）—验证（evidences）。

如果导购只就货品做介绍，将让介绍失去魅力，如果专业性再强一点，顾客更是兴趣大减。所以我建议导购在介绍货品时，首先一定要找到顾客的核心需求点，围绕核心需求点用FABE技巧进行介绍，具体运用时，特性及优点一两句话简单带过就可以了，应把更多的时间放在顾客使用后的好处及验证上，告诉顾客为什么这款货品适合他，要特别强调该货品到底可以给他带来什么利益、消除什么痛苦（即利害关系），并给出案例进行验证。因为顾客其实最关心的就是这个。我们举几个例子加以说明。

FABE话术模板

·王先生，我们这款衬衫是纯棉免烫的（特性），所以，它的定型效果特别好（优点）。您以后出差时穿上这件衬衫，无论怎么折叠，它都不会起皱，可以节省您很多时间（好处）。王先生，我们这里有位老顾客，听了我的推荐购买了一套免烫衬衫，感觉非常好，后来又到我们店买了两件不同风格的免烫衬衫搭配着穿。从此以后，每次买衬衣他都点名要这种纯棉免烫的（验证）。

(续)

> ·张姐,我们这个床上四件套全部采用活性印染(特性),这样就避免了传统染料容易褪色的问题(优点),您再也不用担心用一段时间就褪色了,哪怕使用多年,它还像新的一样(好处)。我们有很多老顾客,他们一直都喜欢买这种活性印染工艺的面料(验证)。
>
> ·王先生,这件衣服是今天刚上的新款,整套衣服都采用100%羊毛缝制(特性),面料暖和高档(优点),您穿上后不但暖和而且有面子,让您无论是上班还是社交,都倍添自信和魅力(好处)。我们有一位老顾客张先生,他最近就买了一套这种西服,前两天他老婆还过来了呢,据说张先生非常满意,经常穿(验证)。

货品介绍顺序很重要

有相亲经历的人都知道,相亲失败,理由往往只有一个:对这人没感觉。人类靠理性发展和进步,靠感觉生活和选择。顾客选购货品也是如此,很多时候是感觉这种看不见、摸不着的东西在主导着顾客的喜好和选择。导购要明白,顾客越感性,越有利于我们推动顾客成交,所以我们不但要给顾客讲质量、说道理,更要通过多种方式提升顾客的"感觉度"。

但是,有些导购看到顾客进店,第一句话是打招呼,第二句话是介绍货品,或者询问顾客需要什么,这样做效率极低,甚至常遭到顾客拒绝。因为他们在介绍时，一上来就讲解材质、面料或者工艺卖点这些理性的东西，把顾客对货品仅有的一点儿兴趣扼杀掉了。

这种介绍方式不符合顾客购买心理的逻辑顺序。尤其是家居建材类货品，顾客一般都是先接受货品的外观、风格并建立了一定的感觉后，才会对产品质量及工艺卖点感兴趣。所以，导购应该先进行货品"感觉"介绍，刺激顾客对货品的感性认识，当顾客感兴趣时，再进行工艺卖点介绍。

介绍货品卖点时，除了利用FABE技巧并针对顾客的需求进行介绍，还要将顾客的行动调动起来，让顾客亲身体验货品卖点。导购说得再好，也不如一边说一边让顾客体验。体验什么呢？体验细节！尤其是让顾客体验他从来没有体验过的细节。

货品的细节绝对是品质的关键所在。好的货品如同艺术品，一定是精雕细琢的结果，每一个细节都一定进行了艺术化的处理。因为只有这些细节才能真正向顾客证明货品的过人之处，所以才有了"细节决定成败"的说法。

如果你一直觉得自己的介绍没有说服力，如果你发现顾客对你的介绍没有太大的兴趣，那请你先给顾客做感性介绍吧。顾客对货品有了兴趣，你再利用FABE技巧做正确的货品讲解，并引导顾客去体验货品。

顾客体验增加货品价值

有很多读者或学员向我询问同一个问题："王老师，我总感觉顾客不相信我说的话。"我就问他们："你是怎么说的呢?"他们说："无论我怎么说,哪怕我口水都说干了,顾客还是不相信。"我又问："你认为顾客到底是被谁说服的?"很多朋友说："当然是我了,所以我才想问一下如何提高说服力呀。"

其实,顾客根本不可能被我们说服,能够说服顾客的只有顾客自己,导购只是起到引导顾客思维的作用。导购越想说服顾客,就会表达得越多,意图也越明显,这种强大的进攻火力往往会招致顾客的反感和抗拒。

那到底应该怎么做,才更容易让顾客自我说服呢?行为学研究表明,人与人之间的感情随着行为的深入而增加。就好像男女谈恋爱,如果只是隔空通过邮件交往,他们的感情很难快速升温,只有通过约会见面及拉手、拥抱等肢体行为,才能快速推动双方关系深入发展。

所以,要让顾客自我说服,最好的办法就是让顾客参与到销售过程中。让顾客参与进来,他才能找到感觉,才能增加对商品的亲近感和信赖感。我在培训课堂上经常强调:介绍产品时不在于导购说多少,关键是让顾客全方位体验到多少。

什么叫全方位的体验?全方位体验就是指调动顾客所有的感觉器官,让顾客通过各种途径体验货品的优点和利益。顾客体验得越多,他对货品的感情就越深,对销售结果就越有利。

成都好风景实业有限公司邀请我对其全国各省总代理区域做巡回培训。结合家具行业的特点,我总结了一套"全方位体验式引导"六字套路,在家居建材类门店试用后效果很好,在此与各位从事泛家居门店销售的朋友一起分享。该套路的核心为六个字:看、闻、敲、拉、推、摸。

看

看家具资质证明、材质类型、板材五金件厚度及面板油漆处理，看家具各部分功能是否合理、用材是否考究等。

闻

直接打开柜门或抽屉，鼓励顾客凑近闻有无刺鼻的气味，感受眼睛是否有刺激感。告诉顾客，如果有刺鼻气味或眼睛感到刺激，则说明甲醛含量超标，这种家具最好不要买。

敲

鼓励顾客自己来敲，就像买西瓜似的各处敲一敲，查听材料的厚薄、是否空心，并教会顾客通过声音鉴别质量好坏，尤其要向顾客介绍层板和背板的用材细节。

拉

鼓励顾客去拉一下门扇、抽屉，看五金件是否转动自如，道轨是否滑溜，听有无"嘎吱"的声音。告诉顾客我们的五金件和道轨品牌、厚度及表面处理等。

推

鼓励顾客轻推一下家具的四角，看家具是否稳定、牢固，听在推的时候主体框架是否有声音发出。

摸

摸家具表面油漆处理，手感是否光滑细腻，摸五金件表面是否光洁，五金件是否厚实、硬度如何，等等。

其实，无论是做家居建材销售，还是做服鞋珠宝销售，都可以参考并灵活转变后加以运用。通过鼓励顾客从这六个方面去体验你的货品，会使你的货品介绍变得更加丰富，顾客认知也会更加具体，从而增加你的语言说服力，进一步塑造货品的价值。

总之，导购要有意识从各个方面鼓励顾客在细节之处体验自家货品与竞品的不同之处，并辅以利害关系的说明。顾客最后往往对这样的货品更容易接受，哪怕它的价格高出10%。

如何包装高档品

上海工艺大师是一家定位于"赚有钱人的钱"的高档真皮沙发品牌，

所以货品价格稍高，有些新加盟经销商一开始有些不适应。就此问题，我在其全国经销商年会培训课堂上问学员们："如果财力可以保证，现在有'宝马'和'奔奔'两个品牌让你选择经销权，请问你愿意选择哪个品牌来做呢？"结果大多数学员选择的都是"宝马"，因为他们觉得卖"宝马"有面子。

既然选择销售高档品牌的货品，那心理和思想上也要有相应转变。好风景家居河南区曾遇到这样的情况，当时有一些经销商刚刚从其他品牌转过来做好风景。他们以前可能做的是走量的大众品牌，看到店面每天都在卖货，心里会很踏实。现在一下子让他们去卖"宝马"，一个星期卖不出去一单，他们心里就开始发慌，于是要么向公司抱怨货品价格太高，要么擅自做主，迫不及待地做起促销，最后搞得品牌形象荡然无存。

其实，做高档品销售，一定要有很好的心理素质，要抱定宁愿不成交，也要维护好品牌形象的决心，切忌随便调整价格。你要这么想，你卖一辆"宝马"，销售额和利润相当于别人卖十辆"奔奔"，而且自己还轻松，你着什么急呢？当然，卖高档品与卖大路货在导购技巧及卖场管理方面也确实有一些区别。

卖高档品就如同卖艺术品，要想让顾客对我们的货品有高档的感觉，除了货品质量、店铺形象及人员服务外，我们在介绍的时候关键要突出以下几个词：独一无二、尊贵、数量稀少、手工制作、细节体验等。

货品独特

提到货品独特，就要向顾客展示我们货品独一无二的工艺、技术、特点等,并将这些独特的细节之处巧妙地告诉顾客。在介绍这种独特性的时候,我们可以借助一些顾客耳熟能详的其他高档品牌来陪衬和烘托自己的货品,并且越具体越有说服力。

比如,我们可以用"我们上海工艺大师所有的沙发采用的都是密度40以上的高密高弹海绵,而一般的沙发海绵都是30左右的密度""我们采用的是法拉利生产线""我们的烤漆采用的是日本雅马哈钢琴烤漆工艺,只有这种高档货品才采用这种烤漆工艺"等具有可比性、通俗性的话语进行介绍。

尊贵感受

顾客为什么愿意多花那么多钱买高档品呢?高档品卖的到底是什么?其实高档品卖的首先是尊贵感。如果只是告诉顾客我们货品的工艺多么独特、拥有多少项专利技术,这些还不足以打动顾客,因为他对这些根本没感觉。

如果你卖高档家具,你应问顾客:"家里平时客人多吗?"如果他回答多,那么你就告诉他:"这款沙发绝对会让您在朋友面前有面子。"为了体现这种尊贵感,你还可以利用顾客的攀比心理,告诉他哪些知名人士购买过。

数量稀少

数量稀少意味着尊贵和品位。如果数量众多,产品的价值和顾客的渴求感自然就会下降。所以有的时候不妨告诉顾客"我们做的是高品

第七章 塑造货品价值

质,这款是限量款,我们店目前只有这一个""如果您喜欢就要提前预订,×个月后才能到货"等,这会显示货品的稀缺性。事实证明,有时适当提高货品的销售门槛,更容易提高顾客的下单率。

手工制作

手工制作也是高档品尊贵的关键。所以,我们可以主动去寻找一些手工制作的卖点。如果导购这样介绍:"我们儿童房家具的每个边缘都采用手工处理,并打磨成圆弧形以保证儿童安全。我们所有的油漆都采用八重烤漆,并且每一重都是自然风干的。我们这么做虽然时间比人家长,但好处是……"

你是否觉得经过这番介绍后,货品的档次就不一样了呢?这样的卖点是不是更容易赢得顾客对货品的喜爱呢?

细节体验

当然,货品到底好不好,看什么?看细节,而且一定要让顾客去看那些平时看不到的或者容易忽视的细节。因为顾客认为导购可能会夸大其词,但是货品的细节不会骗人,尤其是那些顾客不怎么看得到的或者其他品牌不具备的细节。所以,导购平常就要养成习惯去寻找每款产品的卖点细节,做到在介绍产品的时候信手拈来。

我个人认为,如果你能从一款货品中找出三个以上的独特细节,那么在销售的时候你会更有信心。因为,顾客除了导购的介绍以外,更关心细节,尤其是高档品的销售,通过细节来彰显货品的高档和尊贵非常关键。

货品好不好不是导购说了算，导购一定要打破自说自话、自我陶醉的局面。高档品就应该让顾客欣赏，让顾客自己体验，因为顾客可以不相信我们，但他会相信自己的亲身感受。

善用成套销售，提升客单价

如何才能提升门店业绩呢？提升成交单数和客单价是两大重要途径。提升成交单数，可以从增加进店客数量、合理配备店铺产品系列、提高店铺人员销售技巧、完善店铺氛围及推出有吸引力的促销活动等方面展开；而要提升客单价，则可从推荐高价货品及成套销售等方面展开。在本节，我将以服装行业为例，分享如何通过成套销售这一途径来提升客单价。

总的来说，做好成套销售应该把握三点。

意识决定成败

如果顾客穿一双拖鞋来买西裤，你觉得要把西裤卖出去容易吗？如果让顾客脱下拖鞋换上皮鞋，是不是把西裤卖出去更容易呢？运气好一点，说不定顾客把皮鞋也一起买走了。

由于做了成套销售，我们不仅提升了西裤卖出去的概率，还提升了皮鞋卖出去的概率，可谓一箭双雕，最后店铺业绩自然就提升了。

成套销售对于单店业绩提升的帮助不仅直接而且快速，并且掌握起来也很简单。关键是首先要认识到成套销售对提升单店业绩的重要性，每个导购都要树立起每单都做成套搭配的服务意识。我曾以买衬衫为由对10家门店实地调研，发现60%的导购只向我推荐衬衫，也就是说他们根本没有意识做成套销售，比如给我搭配领带之类的，这样自然会影响衬衫上身的整体效果。此时大部分导购都会问："先生觉得哪里不好看？"我就告诉他们："我也说不清楚，反正就是觉得人不精神。"于是，导购又开始不嫌麻烦地给我推荐其他颜色和款式，但结果都是"不精神"，最后搞得导购疲惫了，一个个退下阵来。其实，他们之所以觉得累，就是因为他们缺乏成套销售的搭配意识。

我近期在昆明做了一场"标杆销售系统"大型零售公开课。课后有位学员问我："王老师，我是卖鞋子的。您觉得应该如何做成套销售呢？"我就引导学员可以将鞋子跟鞋垫（尤其是功能性鞋垫）做成套销售。她立即告诉我："王老师，我有位顾客买鞋子，本来价格都谈好了，可当我给他推荐鞋垫时，他反而要我送他一副鞋垫，否则他就不买鞋子了。搞得我后来都不敢做成套销售了。"于是，我就引导她如何避免这种情况的发生。比如，我们在顾客试穿鞋子之前将鞋垫配上并做整体报价，这样是不是就避免了顾客在鞋垫上讨价还价了呢？当然也可以等到成交后再向顾客推荐鞋垫。

成套销售确实是提升门店业绩的捷径。但在使用该方法的过程中，也难免遇到一些问题。导购要学会解决问题，切不可因为可能会引起麻烦，就消极回避成套销售，否则我们失去的可能就是让门店业绩提升10%的机会，而这10%原本是可以很容易争取到的，只要我们在做成套销售的时候多一点点主动。

选择正确的货品做成套销售

做成套销售，意识固然很重要，但选择什么货品来做成套销售更关键。记得有一位导购确实也有成套销售的意识，但在我买衬衫时，他向我推荐的成套货品居然是一套西服。也有的导购向我推荐裤子、皮带之类的。这样的成套销售是否合适呢？成功率高吗？一般来说，成套销售在选择何种货品来搭配的时候，可以从两个方面来考虑。

1. 选择相互关联性强的货品

成套销售一定要选择相互关联性强的货品，只有相互关联强并且令彼此增辉，才会提高成套销售的成功率。比如刀架和刀片、牙刷和牙膏、打印机和墨盒、地板和踢脚线、皮鞋和鞋垫或鞋油、衬衣和领带等，这些都是相互关联并能让彼此增辉的货品。显然，如果顾客要买衬衫，我们给他搭配一双皮鞋，其关联性就并不算太强，而搭配领带的效果就要好得多。

2. 遵循价格递减原则

向顾客推荐成套销售的货品时要遵循价格递减的原则。如果顾客花3000元买一套西服，导购给他搭配一条300元的领带，只要领带可以令西装的穿着效果更好，顾客相对更容易接受。如果反过来，则显得唐突，顾客接受的概率也不高。

选择正确的时机做成套销售

除了要有成套销售的意识,并且选择正确的货品来做成套销售,选择合适的时机给顾客做成套销售也很重要。如果时机不当,就容易被顾客拒绝。

一般而言,成套销售的时机选择原则为:用隐私性货品做成套销售时,应该在顾客进试衣间时一起给顾客;用配饰性货品做成套销售时,则应该在顾客走出试衣间后看到自己整体形象前给顾客。根据这两个原则,如果要给顾客搭配裙子、裤子等隐私性货品,应该在进试衣间前;而给顾客搭配领带、箱包、帽子、手链、围巾等配饰时,则可以选择顾客出了试衣间但还没有站到镜子前面的时候。

同时,为了鼓励顾客做成套搭配,在与顾客沟通的时候一定要减轻顾客的压力,让顾客感觉不买也没关系。

成套销售的语言模板

导购:先生,这里有条领带,搭配您这身西服效果一定很不错。您先试一下整体效果吧,买不买无所谓。来,我这就给您戴上。(注:顾客试衣时,导购在外面准备几条领带,等顾客出来后立即迎上,一般顾客很少拒绝。)

上面讲的是服装销售如何做成套销售。如果你做的是家居建材销售,在做成套销售的时候,除了掌握上述三点之外,我建议你还应遵循如下两点:

第一，准备顾客购买清单，将顾客的购买意向列在清单上，便于顾客了解和计算。

第二，家居建材购买的货品种类可能较多，所以建议按照房间来确定货品。比如顾客要购买家具，可以先帮其确定客厅家具，然后是主卧家具、儿童房家具及书房家具等。

做大连单，一定有方法

在服装行业，很多导购只会一件一件做销售，甚至一件开单以后还很开心："我又卖出去一件。"殊不知，这样的销售其实是"亏本生意"，很难有大的成就。一套一套地卖，值得鼓励，也基本称职，但几套几套地卖衣服，才是我们追求的目标。而要做到这一点，首先要做的，就是在观念意识上做一个改变——理解"成交顾客数量成本"这一概念！成交顾客数量成本，我也把它称作"成交单数成本"。一家店铺每天开单数基本固定，由于店铺位置、品牌形象、货品特点、导购销售能力等因素的影响，要想大幅提升成交单数是非常困难的。此时，每一笔成交单子的成交量就很关键。一单成交一件，叫"亏本生意"；一单成交两三件，属于"保本"；一单成交四件及以上，才是"赚钱生意"。这就是成交单数成本。所以，一单成交一件，你不但不应该高兴，还应该觉得这是一种"可耻"行为——因为你做了一笔"亏本生意"。

第七章 塑造货品价值

导购一定要时刻思考如何做大单。

掌握成大单话术"三七定律"

什么样的话术容易做成大单？答案是：30% 产品销售话术，70% 非销售话术。这就是成大单话术的三七定律。几乎所有的大单，都不是通过推荐产品本身产生的，通过聊天式的销售，更有机会成就大单。

很多导购会想，我已经试图向顾客多推荐一些衣服，可是为什么他不愿意接受？那是因为你不会聊天。我们来举个例子。

"王姐，工作应该很忙吧，不知道您平时有什么业余爱好吗？"……"哇，登山很好哦，可以很好地缓解工作压力，对身体也有好处。对了，我们刚好有一款衣服，既时尚又适合户外运动，您看……"

这样聊天，就会引发出顾客更多的需求，多推荐才能起到作用。

鼓励顾客多试穿

在我们的学员中，最大一单的销售件数是 89 件（非批发、非团购）。那么，怎么样才能做大单呢？其实，大单并不难！

我们在一堂大单公开课上，对学员进行过多次相同问题的调研：你最近一天总共接待了几位顾客？试穿的有几位？试穿的顾客总共试了几件，成交了几位顾客，成交了几件？有两位同一品牌的学员回答了这个问题。学员 A 说，她最近一天有 4 位顾客试穿，试穿了 7 件，有 2 位顾客成交，成交件数是 4 件；学员 B 说，她最近一天有 4 位顾客试穿，试穿了 12 件，有 2 位顾客成交，成交件数是 7 件。

这两位学员的试穿顾客数和成交顾客数都是一样的，学员 A 的成交件数是 4 件，学员 B 的成交件数是 7 件。也就是说，在这一天当中，学员 A 的连带率是 2，而学员 B 的连带率是 3.5。

如果你接待的试穿顾客中，平均试穿件数是 3 件，连带率几乎不可能超过 1.8。而在 90% 以上的情况下都是，试穿件数越多，连带率越高。试穿件数和连带率成正比。所以，要想提升你的连带率、客单价，第一步也是最简单的，提升顾客的试穿件数。

从多选一到多选多

如何成大单？基本的原则就是要鼓励顾客多试穿。可是顾客多试穿了就会多买吗？不一定，所以你需要做到，从多选一到多选多！

一位顾客进店后，看上了一件西装，试穿完以后感觉还不错，但似乎欠缺点儿什么，于是导购又拿了一件西装，这位顾客试穿完第二件西装以后，感觉好像与之前那款各有利弊，接着又试穿了其他款式的西装。

这种一直让顾客试穿进店时的初始需求服装的方法，就是典型的"多选一"！这种方法，不仅很难产生大单，甚至会增加顾客的犹豫，反而容易跑单。

那么，如何"多选多"呢？答案就是，鼓励顾客试穿不同的风格、不同品类的服装。通过场合、生活场景等来引导顾客，才会有产生大单的可能。

　　所以，做大单，不仅要鼓励顾客多试穿，而且要让顾客多试穿不同风格或品类的服装。

第八章

如何清除异议——
解决问题，巩固需求

你是否觉得现在的顾客要求越来越高、眼光越来越挑,接待他们变得越来越难了呢?如果你的答案是肯定的,那说明两个问题。

首先,这种情况很正常。现在的品牌越来越多,货品越来越丰富,顾客选择的自由度也越来越大,自然顾客挑剔的问题也越来越多。作为卖方,你首先要认同顾客的挑剔是正常的,如果你一味认为顾客挑剔、难缠,那顾客就更挑剔、难缠,因为你正用"挑剔、难缠"的态度去应对顾客,其结果可想而知。

其次,这种情况说明你的工作做得还不够好,你无法取信于顾客。其实,销售的过程考验的不仅是能力,更是耐力。就像烤红薯,需要慢慢烤,等红薯彻底烤熟了,变软了,你才可能尝到香喷喷的美味。可如果心太急,红薯要么夹生,要么被烤焦。所以,导购除了认同顾客的挑剔,还要耐心地面对并想办法解决问题。

顾客为什么有异议

销售是一个不断发现问题、解决问题的过程。如果销售失败,只能说明导购的沟通或货品推荐出了问题,抑或导购还没有给顾客购买的信心,归根结底,还是导购的方法有问题。导购要从自身找原因,让顾客的挑剔越来越少。

要做到这一点,就需要导购首先知道顾客的拒绝点何在,继而建立正确的服务心态和销售方法。其实,顾客异议形成的原因大致有三个方面:顾客对导购不信任、顾客本能反应及导购自身不专业。

顾客对导购不信任

请问,如果一个素昧平生的人向你借钱,你会借给他吗?如果这个人是你的父亲或母亲,结果又会怎样?我相信答案完全不一样。因为对借钱的人,你的信任度不一样。

同样,顾客的拒绝很大程度上都是因为顾客对导购还不够信任!如果你发现顾客总是向你提出各种问题和质疑,甚至显得有些不近情理,那不能完全怪顾客,只能说明你与顾客的前期沟通出现了问题,引起顾客对你的不信任,你需要做的就是做好自己的工作并恢复顾客的信任,而不是一味地抱怨。

顾客的本能反应

每个人都希望以最少的投入获得最大的回报,加上以往不好的购买经历也使顾客对导购所说的话总抱着怀疑的态度。所以,顾客为了保护自己不受欺骗,也为了获得更多的利益,就会找很多理由来为自己辩护。比如，顾客比较了很多家的货品后，明明知道这家的货品性价比最高，但他还是会说"你家价格比××贵"，或者找一些不是问题的问题来为难你，其实他的目的就是为自己争取更多的利益。

导购自身不专业

我曾在上海工艺大师的一家直营店巧遇一对年轻的夫妻。一看就知道，丈夫有点累了，面露疲色，进店后就迫不及待地坐到沙发上了。此时导购立即热情招呼："先生，要喝杯水吗？"丈夫面露犹豫之色，估计也想喝水，但转念想："这水不能喝，一喝估计等一下不买都不好意思了。"于是委婉地谢绝了导购。

其实这名导购如果注意一下语言技巧，这个问题根本就不会产生。比如，她可以直接倒杯水端过去，对先生说："先生，天气很热。来，先喝杯水吧！"

有研究表明：一名专业的导购平均处理五个问题就可以成交一单生意，而一名不专业的导购平均要处理九个问题才能成交。显然，不专业的导购遇到顾客的异议更多，其工作效率也更低，因为他们平时经常用不专业的方法在工作。所以，要减少顾客的异议与拒绝，导购就要不断学习，提高自己的专业能力，用正确的方法与顾客沟通，并获得顾客更多的信任。

不对症，怎能下药

顾客产生异议的原因其实各不相同，并且真真假假。聪明的导购应该首先学会鉴别。其实，顾客的拒绝往往隐藏着购买的理由，因为拒绝相当于"不要"。聪明的导购明白，只要找到顾客"不要"中真正的"不"并将其处理掉，顾客的拒绝就变成"要"了！所以，找到顾客拒绝我们的真正原因就变成了解决问题的第一步。

错误应对

导　购：李姐，这款衣服穿在您身上效果真不错，样式经典。

顾　客：还可以，就是感觉颜色有点儿深。（注：顾客问题集中在色彩方面。）

导　购：深吗？这哪里深哟，不深，穿在您身上正好合适。（注：简单的直线思维。）

顾　客：可我就是觉得有点儿深……

导　购：哦，没关系，这款还有浅一点儿的，您稍等一下。（注：典型的自然性销售。）

顾　客：……

案例中，顾客觉得"颜色有点儿深"，也就是说她"不要深色"。此时导购首先是简单、空洞地辩护"不深"，而后又说有颜色浅一点儿的，这只会让顾客感觉导购先前的推荐不专业，也不负责任。顾客怎么可能尊重一个既不专业又不负责任的导购呢？

所以，导购如果觉得衣服颜色并不深，就应该适当坚持，并告诉顾客推荐"深色"的理由。如果顾客实在不喜欢，这时再去推荐"浅色"让顾客比较选择也不迟。

实战演练

导　购：李姐，这款衣服穿在您身上效果真不错，样式经典。

顾　客：还行，就是感觉颜色有点儿深。

导　购：哦，您觉得颜色有点儿深是吧？其实我之所以推荐这种颜色主要考虑到您工作……并且您的肤色……（注：告诉顾客为什么要选择深色。）

顾　客：可我还是觉得有点儿深……

导　购：哦，如果您觉得颜色有点儿深，这个款其实还有浅色的，您可以试一下做个比较。您稍等，我立即就给您拿。（注：让顾客自己比较。）

导购一定要学会发现顾客异议的真正原因，并有针对性地加以解决。如果找不到原因，那导购所做的任何工作都只不过是隔靴搔痒。说到这里，我想起了我为劲霸男装做店长培训时，一位学员向我咨询："王老师，有很多顾客其实对我们的东西也很喜欢，可就是犹豫不决，您说遇到这种情况该怎么办？"接下来，我想就此分享该问题的处理策略。

其实，顾客说"考虑考虑""商量商量""比较比较"，可能是为自己找一个拒绝的借口，也可能是顾客一种真实的心理状态。导购首先要了解顾客的说法到底属于哪种类型，一定要知道真正的原因。可是有许多导购一遇到顾客提出类似问题，要么就是不着边际地重复介绍、机械地强调优点，要么就是无言以对，显得消极被动。其实处理该问题可从三个方面着手。

找原因给压力，刚柔并济

面对顾客的类似异议，如果导购采取不作为的方式，只会令顾客感受不到任何压力，因而顾客可以轻易"逃脱"，从而降低销售成功的概率。所以，此时一定要学会主动介入，并给顾客施加适当的压力。

大量的门店销售案例告诉我们：适当给顾客施加压力，可以使导购变被动为主动，从而找到顾客提出异议的真正原因，有利于促成生意并提升业绩。但导购也要把握好力度和火候，压力不可以太大也不可以太小。压力太大会让顾客讨厌，压力太小则没有效果。如何施加压力呢？我的建议就是——单刀直入，直接发问。

对症下药，建议立即购买

导购一定要通过深度提问找到顾客心中的所有异议，然后立即处理问题，并在问题解决之后建议顾客顺势购买。因为顾客还在店面的时候，我们可以去影响并激发顾客的购买欲望，而一旦顾客离开店面，我们就鞭长莫及了。所以不要轻易让顾客离开，应该抓住机会促进成交，具体可采取两个方法。首先给诱惑，告诉顾客现在购买可以得到什么利益；其次给压力，告诉顾客这是最后一套、优惠活动即将结束、赠品有限等，营造紧迫感。

第八章 如何清除异议——解决问题，巩固需求

想办法提高顾客的回头率

如果顾客确实想到其他店比较一下，这种心情我们也是可以理解的。此时不可强行推荐，否则会让顾客感觉不舒服。但同时我们要注意提高顾客回头率。有研究表明，顾客一旦回头，其购买的概率为70%。

那么如何提高回头率呢？导购可以从两个方面着手。首先是给面子：如果不给顾客面子，即使顾客喜欢也不会回头，因为回头就意味着顾客软弱、没有面子。其次是给印象：顾客离开后还会逛其他店，可能会受到许多诱惑，导致最后对我们的产品印象模糊，这很不利于顾客回头。所以在顾客离开前，可再次强调产品卖点，一定要给顾客留下深刻而美好的印象。

实战演练

导　购：李先生，这套家具您考虑得怎么样了？

顾　客：嗯，我和老婆稍后商量一下再定。

导　购：李先生，您有这种想法很正常，毕竟买家具也是一笔大花销，肯定要多看看，再说夫人在家时间长，这个肯定要征求她的意见嘛。对了，李先生，上次夫人也来过，她感觉怎么样？（注：认同顾客做法，并询问顾客老婆的想法。）

顾　客：还行，不过我们还要比较一下……（注：顾客转移到"我们要比较一下"了。）

导　购：李先生，比较一下可以理解，只是我担心自己有解释不清的地方，所以请教一下，您主要是哪方面还有顾虑？（注：引导顾客说出顾虑。）

顾　客：你们是大品牌，东西不错，就是感觉稍微贵了点儿……

（注：顾客的问题落到价格上了。）

导　购：哦，那除了价格，还有其他原因吗？

顾　客：其他倒没有了，主要就是价格。

导　购：我可不可以这么理解，李先生，除了价格，你们对这款家具的款式、质量及尺寸等都还满意，只要价格合适就可以定，是吗？

（注：将顾客的后路堵死，很棒的提问，建议在成交前多用。）

顾　客：嗯，可以这么说吧。

导　购：那好，李先生！谢谢您的坦诚……（注：处理价格问题后促成，如顾客还说要看看，则争取让顾客回头。）

导　购：李先生，如果您实在还想比较一下，我也理解。不过，这款家具确实非常适合您，并且这款也只有最后一套了。您看这样好吗？我现在先给您保留，如果您没有看到更合适的，您一定要回来，我会一直在店里等着您！（注：一边强调，一边将顾客送出门外。）

处理顾客异议，只要四步

　　顾客异议无法避免，合理应对才是关键。如何让异议处理变得更加简单有效呢？通过对各类门店 300 多次顾客异议处理过程的全程观察和归类分析，我归纳总结了一套处理顾客异议的方法，简称"顾客异议处理四步套"。

总结异议

为什么三流的导购在面对顾客的问题时手足无措,而优秀的导购却显得游刃有余呢?其实,功夫在诗外,前期是否做足了准备功课,决定了导购面对顾客异议时是否表现专业。

在全国各地授课的时候,我经常对学员们说:销售冠军的好业绩不是学出来的,而是练出来的。因为顾客经常提的异议也就那么一二十个,如果导购能总结并理解它们,背诵及演练对应的方法和语言模板,那么在后期销售中就会发现顾客的"刁难"越来越少,即使遇到自己也成竹在胸。因为顾客有可能提的问题你都准备并演练过,自然处理起来十分轻松自信。

聆听异议

除了掌握顾客的潜在异议并事前准备,建议导购在具体处理异议时不要过于急迫,可以先聆听,然后重复顾客异议并进行确认。

我发现,有些导购很能说,顾客说一句,他说三句,甚至顾客都走了他还在说。其实,聆听远比说话更能说服顾客,因为聆听可以摸清顾客的内心想法。

在充分聆听后再借助重复技巧,更容易获得顾客的好印象。重复顾客异议,可以看看自己是否真的明白了顾客的意思,并为自己回答问题赢得思考时间,同时也可以表现出自己对顾客的尊重,甚至可以促使顾客对异议做出更多的说明和补充。具体做法其实很简单,可以在顾客提出问题后,停顿两秒然后再问他:"您是说……是吗?""您的意思是……

我可以这么理解吗?"

探询异议

有时顾客不好意思直接拒绝导购,经常会提出虚假异议,或者一个异议背后常常隐藏多个原因。导购此时切忌慌乱。要记住,顾客提出异议相当于"不要",自己需要做的就是针对"不要"找到"不"的原因,接下来把"不"解决掉,让"不要"变成"要",促进顾客成交。

此时,专业的导购会就顾客异议进行深度探询,以便了解顾客异议的真正原因。这么做会让导购变被动为主动,变不可能为可能。比如可以这么探询:"您可以告诉我,您现在主要担心什么吗?""您愿意告诉我您放弃购买的真正原因吗?""您说我们的东西贵,请问您是与哪个牌子比较的呢?""买哪个品牌是您的权利,我只是想知道是否我有哪些方面没介绍好,您可以告诉我您放弃我们的原因吗?"只有探询到异议的真正原因,你才可能找准解决问题的正确方向并处理顾客异议。

解决异议

销售没有定律可言,只要你可以把话说圆,能够令顾客接受即可。在门店辅导和培训课堂上,我经常发现,很多话其实只要我们适当调整一下语调或者一两个字,就会让沟通氛围截然不同。可以说,把话说圆对于导购与顾客的沟通非常重要,它既符合顾客的心理过程,也有利于我们把握销售时机,在处理那些棘手的问题时尤为重要。

FAG异议解决套路指的就是从顾客的心理出发,利用"感觉(feel)—

行动（act）—引导（guide）"三个步骤来处理顾客异议。该套路可以令导购更好地把话说圆。

1. 感觉

导购对顾客加以认同和赞美，这可以让顾客感觉到导购对该问题的重视，也让顾客感觉到导购和他们站在一起，并快速建立良好的沟通基础。

2. 行动

针对顾客问题进行化解。如果问题确属顾客误解，导购可从细节入手解决；如果问题比较棘手，不妨采取迂回策略，也就是说不正面解答，而是先给顾客信心和面子。有时这种软处理效果更好，因为顾客关心的除了问题之外，还有导购好的态度和自己良好的感觉。

3. 引导

"行动"结束后，导购要适时将话题引导到有利于成交的方向，这样才能变被动为主动，化威胁为机会。比如处理顾客质疑后迅速通过引导顾客回答需求性提问、体验货品或快速开单等方式，转移顾客的注意力。

-------- **实战演练** --------

顾　　客：你们的东西比××品牌贵多了。（注：顾客来四次了，开单前提出价格异议。）

导　　购：王先生，您觉得我们的地板价格比××品牌稍微贵了点是吗？

顾　　客：是呀，人家也是实木复合，款式、颜色与你们牌子也差不多，人家才……

　　导　购：王先生，您说得也对，我承认我们地板价格确实比××品牌稍微贵一点，以前也有一些老顾客提出过类似问题（注：第一步——认同顾客），不过后来他们大多还是决定买我们的地板，因为他们发现，虽然我们的产品表面上贵了点，但如果从长期使用的角度来看，其实我们在质量及服务等方面的性价比更高。（注：第二步——采取软行动给顾客购买信心。）

　　王先生，您觉得买地板价格和质量哪个更重要呢？（注：引导顾客看到比价格更重要的地方。）

　　顾　客：当然质量也很重要了。

　　导　购：是的，王先生，您说得好，如果质量不好，用一段时间这里出问题那里出问题，就很麻烦，用我们的东西虽然贵一点，但是用得放心，用得安心，所以其实更划算。您说是吧？（注：第二次采取FAG异议解决套路，火候差不多时就立即开单。）

　　顾　客：……（注：沉默不语。）

　　导　购：那好，王先生，我现在给您开单！

顾客为什么爱杀价

　　有些商场宁愿重复着效果甚微的促销会，也不愿给自己的门店做几场高水平的培训会。他们一年到头大大小小的促销活动策划几十次，变着花样地做着不同主题的促销活动，但折腾来折腾去，搞得大家忙得不亦乐乎，效果却越来越差，还惯出了顾客爱杀价的坏毛病。

其实，价格问题可以说是门店遇到得最多也最棘手的问题。有的顾客一进店，货品还没有看清楚就开始问价格，导购价格还没报完，顾客就已经拔腿走人了；也有些顾客明明非常喜欢某件货品，可就要在价格上死缠烂打、狠命杀价；还有的顾客什么都谈得好好的，一说到价格就不买了。可以这么说，价格谈判是卖方心头永远的痛！所以掌握一些报价及还价的技巧，对导购来说非常必要。

很多导购往往会抱怨货品的价格定得太高，认为只要把价格降下来，顾客就能接受，并以此作为自己业绩不佳的借口。但事实上，哪怕你把价格再降低一些，还是会有顾客说贵，所以，货品卖不出去不只是价格的问题，还有人的问题。事实上，顾客的很多坏毛病，尤其是顾客爱杀价的坏毛病，很多时候都是导购自己惯出来的。

举个极端点儿的例子。假如顾客问："这鞋多少钱？"老板答："250元。"顾客说："贵了，100元卖不？"老板说不卖，于是顾客扭头就走，就在快要出门时被老板喊住："刚开门，做您个开张生意。"顾客最后花100元买走鞋子。但你知道吗，顾客其实并没有感觉占到多少便宜，反而觉得自己上当了，后悔自己砍价不够狠。3个月后，顾客又看到店里有件衣服，问："这衣服多少钱？"老板答："250元。"顾客吸取上次的教训："贵了，80元卖不？"老板说："您再加点吧。"顾客拒绝后佯装要走，可还没出门又被老板喊住了："美女，80就80，卖给您。"顾客又后悔了："这店水太深了，下次索性砍到50元算了。"

请注意顾客的心理变化。虽然你第一次以稍低的价格卖了东西，也赚了一点儿钱,但你是否想过,今天赚到了顾客一点儿钱,但未来再想赚他的钱容易吗?所以,顾客在价格上与你反复纠缠,杀价一次比一次狠,还是因为你在价格上太随意了,无形中养成了顾客杀价的习惯。

别过早报价

晋城圣亚品牌服饰广场是山西晋城的一家商场,在商户们的积极推动下,商场邀请我前往晋城授课。授课前夜,我秘密走访了20多家专柜,其中有12家,导购在我走到某款货品前的5秒钟内,必定给我做介绍,一旦我询价,他们都会直接报价,之后无论我走到哪里,他们都会主动报价:"先生,这个现在打6折。""先生,这个打完折680元。"他们这么做的理由居然是:怕顾客走,所以报个低价吸引顾客留下。

你是否也这样做过呢?这样过早报价,顾客的脚步留住了吗?其实,要留住顾客的脚,先要留住顾客的心,你了解顾客此时的心理状态吗?如果顾客对货品还不了解你就报价,他的第一心理反应可能是:"这么贵?"因为他根本就不了解货品的价值在哪里,加之初次报价一般会相对高一些,所以顾客才会"扭头就走"。

那应该怎么办呢?我的建议是:切忌过早报价,否则接下来导购将陷入被动。有的朋友可能会说,不报价格,顾客扭头就走怎么办?实际上,如果顾客真的喜欢某件货品,他不会这么快离开,很快离开的顾客,往往都不是你的目标顾客。这里,我分享一套本人研发的报价方法，从门店推行的情况来看效果很好，那就是：推迟报价并引导体验。

顾客询问价格，导购不要一开始就报价，可以用兴奋的口吻回应他，用提问搅乱他，用体验转移他。有的导购不直接报价，而是引导顾客体验，比如服装行业的导购这么说："先生，您不要光看价格，先看衣服适不适合吧。"我要先肯定这种说法，不直接报价是个进步，只是我觉得这么说过于直接，成功率不高。

我设计的方法是，首先用兴奋口吻赞美顾客，紧接着用一系列提问搅乱顾客的思路，然后顺势引导顾客，从门店实践来看，效果更好。以下是语言模板。

第一次报价——推迟报价

王先生，您真是太懂服装了，一眼就看中了我们这一季卖得最爆的一款。不过王先生，这款衣服特别挑搭配，请问您是上班穿还是平时穿……（注：询问服装两个到三个搭配性问题后，立即引导体验。）如果这样，那我认为这款衣服还真的蛮适合您，这样吧，王先生，您不能光看，您先试一下吧，王先生，您这边请。

此时，如果顾客试穿，我们大功告成。如果顾客说"你先告诉我价格，我再试"，又该怎么办呢？我的建议是——给顾客报价。但此时报价也有讲究，应采用"塑造价值并介绍卖点后再报价"的策略。

第二次报价——包装报价

> 王先生，说实话吧，这款衣服价格上确实要稍微贵一点，但它依然是我们这一季卖得最棒的一款。（注：让顾客感觉导购真诚且对货品产生物有所值的感觉。）因为它采用的是我们最新研发的××面料，导入××工艺，具有……的特点，它的价格是××元。王先生，价格固然重要，衣服穿起来好不好看其实更重要，您说是吧？我建议您先上身看看效果，来，王先生，这边请。

总之，导购可以通过询问与试探的方式来转移顾客注意力。若是在鞋服销售卖场，可以询问顾客穿着场合、日常衣着颜色等；若是家居建材卖场，就可以询问顾客房子的地段、楼层、朝向、风格与面积等。下面举一个门店实战演练案例。

实战演练

顾　　客：这款瓷砖怎么卖？（注：顾客指着最新款高档瓷砖。）

导　　购：先生眼光好厉害，这款瓷砖最近卖得确实好！不过话说回来了，瓷砖装在家里适不适合才是关键，您说是吧？（注：不直接回答问题，可尝试用提问转移顾客问题。）

顾　　客：嗯……怎么说？

导　　购：先生，如果瓷砖与风格不协调那就不好看了，但您又不能把瓷砖打掉重装，所以只有委屈自己陪这些瓷砖过一辈子了，您说是不是？

顾　　客：哦，那也是……

导　购：先生，我做了八年的瓷砖销售，不介意的话，我可以给您一些建议。请问您家里现在装修到什么阶段了？（注：转移报价并深度挖掘顾客的问题。）

感觉值，才是真的值

在培训行业做了这么多年，我感觉做讲师，品牌非常重要。那些真正属于一流品牌的讲师很少自降身价，那些经常随意变动价格的讲师往往没有什么品牌可言。因为顶级品牌的讲师有知名度、有口碑，他们不缺课讲，只有靠包装的讲师才会打价格战，企图通过低价格来获取有限的培训课量。

大道相通，真正有实力的品牌都不会随便促销降价，因为有实力的顶级品牌应该把更多精力放在提升货品价值上，促销只能当战术来用。但我发现，有太多的品牌却把战术当成战略来长期坚持。

顾客为什么总是喜欢狠狠地杀价？因为顾客害怕买亏了，或者他们觉得货品不值这个价。其实，顾客并不是喜欢买便宜的货品，而是喜欢占便宜的感觉。讨价还价的关键，就是要给顾客一种"占便宜"的感觉！他们感觉"占便宜"了，才会更愿意买。所以，要降低顾客的价格敏感度，就要不断提升我们的价值感！那如何提升价值感呢？

提升品牌价值感

一双耐克运动鞋放在耐克专卖店卖 2000 元，如果撕下耐克的商标，把鞋放在普通大卖场，你认为可以卖多少钱？

这告诉我们一个道理：品牌有价值。同样的货品，因为不同的品牌价值，所以有不同的价格。经销商老板、店长及导购要与厂家共同做品牌，这个品牌不仅包括企业的产品品牌，还包括店铺品牌及导购品牌。做品牌绝非一朝一夕的事，这绝对是值得我们长久去做的事情。因为卖东西只能让我们赚小钱，而唯有做品牌可以让我们做大事业，赚大钱。

提升卖场价值感

还是拿耐克鞋来说，如果把这双鞋放到地摊上卖，你认为能卖多少钱呢？如果你要卖 2000 元，会不会被顾客认为疯了？如果真有顾客愿意在地摊上花 2000 元买这双鞋，你会不会觉得他头脑有问题？这告诉我们一个道理：卖场有价值。它会直接影响顾客的价格认知。所以，老板在店铺形象上要敢于投资，形象好的店铺能吸引更多顾客进店。

提升员工价值感

给大自然地板做北京站巡回培训时，内蒙古总经销商包总与我分享了他的亲身经历。包总有一家新开的店铺，每月卖 200 平方米地板，生意"惨淡至极"。最后店长不好意思了，找到包总说："老板，商场没人，来的顾客又没消费能力，这个地方不适合卖大自然地板。"可老板怎么可能撤店呢？于是，包总换了个店长。令人不可思议的事情发生了：该店当月业绩就冲到2000平方米并且连续保持3个月！

这件事告诉我们一个道理：人有价值，换人就会换业绩。提升员工价值的有效手段就是持续学习。那些会经营的老板，一般都愿意在员工培训上投资，这样做不仅提高了员工的价值感，也让员工更快乐地工作，从而为老板创造更多的业绩！

利用阶梯报价法让顾客感觉你尽力了

在做服装订货会或建材经销商年会培训时，很多老板经常会问："王老师，您觉得是统一定价好，还是弹性定价好？"按理说，对于专卖店的价格政策，公司会根据不同区域做统一规定，但也有加盟店铺有意无意破坏规定。

统一定价虽然一开始可能会比较被动，但如果定价科学合理，坚持一段时日，其实更有利于品牌形象的维护，也可以使店铺管理相对更简单，后期更好维护客户关系。当然，统一定价的缺点是过于死板，部分有讨价还价习惯的顾客一开始不怎么适应，对店铺前期销售会有影响。

弹性定价比较人性化，满足了顾客"多占少花"的心理，有利于促进短期销售，但处理不好容易给品牌形象带来冲击，不便于店铺管理的规范，也增加了门店的成交工作量。所以采用这种定价方式应掌握火候，否则将会物极必反。

综上分析，我个人建议——采用"90％固定＋10％浮动"的弹性定价策略，这样既有原则性，又有灵活性。如果采用的是弹性定价，那么报价的技巧直接影响到价格谈判的最终效果。在此我愿与各位分享一种非常经典的报价方法——三步倒阶梯报价法。用这种方法报价次数不应超过三次，并且每次报价都比上一次低一点。我们以家居建材为例加以说明。

第一次报价一般不要一步到位

顾客一般不会相信商家的第一次报价（除非我们能一直坚持一口价）。很多顾客都喜欢讨价还价，并不是因为我们的价格高，而是因为顾客想展示自己高超的谈判能力（特别是几人同来的时候）。顾客费尽口舌与我们讨价还价，如果我们寸步不让，会让他感觉很没面子。

第一次报价前，我们谈话的重点在于引导顾客体验，不断强化产品价值，以此弱化顾客对产品价格的敏感度。第一次报价不要太低，要为第二次小幅度降价腾出空间。第一轮报价后，如顾客反应强烈，我们也可以建议顾客还一个价，以此来试探顾客能够接受的价格的底线。当然，一般这个价格我们不可能接受，哪怕它在我们可以接受的价格范围内，也应该彻底给予否定。

第二次报价的让步是有条件的

第一次报价遭到拒绝，或者导购拒绝顾客的还价后，导购要及时尝试第二次有条件报价。这次我们可以做少许让步，但一定要设定门槛、附加条件。比如：购买达到 50 平方米以上、地砖墙砖都在本店购买、联合三家以上团购等。总之，既不要堵死自己的退路，又要让顾客觉得这次让价来之不易。因为如果报价堵死自己的后路，之后就没有回旋的余地了；如果让顾客觉得降价来得太容易，他也不会珍惜。有条件的让步有两个好处：一是让顾客觉得第一次报价很实在，二是让顾客珍惜来之不易的让步。

第三次报价基本上就可以成交了

如果还不能成交，就只能第三次报价。中国有句古训：事不过三。所以，第三次报价基本上就是最后报价。通过两次讨价还价，你应该能够比较准确地估计出顾客能接受的价格是多少了，那么第三次报价就要相对保守。如果这次报价还不能成交，成交的可能性就非常小了。

当然，最后一次报价依然要让顾客感觉来之不易。你可以找一个职位比自己高的人来审批——请示"经理"或者"老板"，"经理"或者"老板"不一定是真实的，甚至可以是自己的同事。但这次报价一定要让顾客觉得这就是底价了，已经没有还价的余地了。

采用三步倒阶梯报价法，并非每次成交都要报三次价格，而应该把每次都当作最后一次报价与顾客谈,能一次成交的就不报第二次。总之,好处要一点一点给,要让顾客感觉来得不容易,并认为自己占到了便宜。因为顾客其实不是没有钱,也不是买不起,只是他喜欢买占便宜的感觉而已,我们也只要给他这种感觉就好了。

如何少降价,照样开单

如果在河的对岸放着1元钱,只要跨过桥就能拿到,你愿意去拿吗?可能有的人觉得钱太少了,不值得这么费神。

如果放在对岸的不是1元钱,而是50元钱呢?可能过去拿的人会多起来,因为50元对他们还是有些吸引力,至少可以解决一天的吃饭问题。

如果把50元钱换成5000元钱,又会出现什么情景呢?大家也许都会争先恐后地往桥上冲。

可是,如果这座桥有50%的概率坍塌,而桥下是深不可测的湍急的河水,掉下去生还的概率微乎其微。还会有那么多人以百米冲刺的速度跑过去吗?也许很多人都会停下脚步,因为他们觉得不值得为5000元钱去冒险。

我只是想说明一个道理:利益驱动行为,痛苦阻止行为。聪明的导购会告诉顾客购买自家货品的利益,以驱动顾客做出购买决定;同时,还要给顾客明示,不买自家货品可能遇到的痛苦,从而阻止顾客购买竞品。如果导购可以用"痛并快乐着"的方式"双管齐下"地软硬兼施，那导购时价格的说服力将大大提升，就有可能做到"少降价甚至不降价"照样成交。

实战演练

导　购：张姐，这套家具您看我给您送到哪里呢？（注：顾客来三次了，也比较喜欢，处理完价格异议主动成交。）

顾　客：不急，我觉得还是贵了点儿，您再少500元就给我送吧。（注：看到曙光了。）

导　购：张姐，您的意思是再少500元就买，是吧？

顾　客：可以这么说。

导　购：张姐，我确实也想做您的生意，这样我也有业绩，您说是吧？但价格上您确实让我为难了。这一点还得请您原谅。（注：明确底线，让顾客感觉到你的难处。）

顾　客：嗯……那再少一点儿嘛，我诚心想买。

导　购：张姐，我可以感觉到您的诚意。我也诚心想卖给您。张姐，其实买沙发除了价格以外，质量和环保性更需要考虑，您说是吧？（注：以提问控制顾客。）如果质量不好，沙发买回去三天两头出问题，就很麻烦，您说是不是？（注：强调痛苦结果。）再说家人长期生活在安全性不达标的环境里，健康都没有保证，万一生个病那可就不是500元的问题了，您说是不是这个理？（注：再次强调痛苦的结果。）

顾　客：嗯……（注：顾客默认或点头认同。）

导　购：张姐，我们这套沙发虽然价格稍微贵一点儿，但我们是老品牌，每一款沙发都经过严格的质量和安全检测，这样的沙发让您买得称心、用得安心,所以从某种意义上来说,您现在多花500元其实更划算。张姐,您是聪明人,您说是不是?(注:给顾客讲利益。)

顾　　客:嗯,您说的也有道理……(注:顾客开始动心。)

导　　购:张姐,我卖了八年沙发了,我见过这样的情况也很多。

顾　　客:……(注:顾客已基本认同并默认,可尝试成交。)

导　　购:张姐,您看您是刷卡,还是付现金?(注:提选择性问题主动与顾客成交。)

许多导购一遇到价格异议,就强调利益,比如打折、赠品等,唯独忽略了对成交最有利的武器——顾客不买的痛苦。想一想,你是否也如此呢?

第九章

如何快速开单——
临门一脚，精准命中

一名导购过分关注成交，注定无法成为成功的导购！一名导购毫不关心成交，他也注定是平庸的导购！因为店铺销售需要靠业绩说话，如果顾客到你的店四次都没有买东西，跑到隔壁店一次就成交了，并且隔壁的东西还没有你家的好，你说冤不冤？顾客又冤不冤呢？那到底是什么因素降低了开单率呢？导购又应该怎么做才能提升开单率呢？

把握开单时机点

销售的过程就像一场接力赛，签单就是接力赛的最后一棒，这一棒跑得太早则可能接不上棒，跑得太晚就会贻误战机，影响成绩，所以有经验的选手都会在接棒时机的"火候点"上反复演练。

如果过早提出签单要求，就会给签单带来阻力，甚至遭到顾客的拒绝。可如果错过了签单的瞬间"火候点"，就可能节外生枝。所以有效把握签单的时机点就显得特别关键。

那到底何为签单的最佳"火候点"呢？根据对中国零售门店成交过程的长期观察和研究，我总结了一句话：导购在处理完顾客最关心的问题后,立即提问确认,只要顾客沉默三秒钟左右,就立即开单。我要求学员将这句话牢记心中,从他们工作中的使用情况来看效果非常好。

顾客关心的核心问题可能是什么呢?无非价格、质量及服务承诺等方面的问题,一旦你处理好这些问题,一定要提问确认一下,比如"您觉得呢"或者"您说是不是"等,为接下来开单营造一个氛围,只要顾客默认了,你就可以为开单发力了。

最后我想特别补充的是,开单的时候千万记得主动一点儿、快一点儿,只要有50%的可能性开单,你就果断出击吧,哪怕失败了,其实你也没有什么损失,再说,万一成功了呢?

掌握成交的秘诀

成交就像谈恋爱。

首先,成交需要结果。就好像谈恋爱最终需要步入婚姻的殿堂,否则这场恋爱很难说圆满。

其次,成交又是一个过程。只要把恋爱过程中的每个环节维护好了,结婚就变成了水到渠成并且顺理成章的事情。

所以,导购在与顾客交流的过程中,要带着最终成交的心态。要提升自己的成交率,就既要关注过程也要关注结果。

有许多店长和导购经常感觉自己把握不好成交环节,让成交机会从自己手中流失。要解决这个问题，就要把握好五个要点。

双赢缔结

成交时一定要本着双赢的原则，既要考虑自己的利益，也要考虑顾客的利益。只有将双方的利益结合起来，才可能与顾客持续共存，让店铺业绩长青！任何只顾眼前个人利益而忽略顾客利益的做法，表面上好像卖者得利，但其实卖方往往损失更大。

真正的赢是店铺与顾客的双赢，并且是现在和未来都赢。因为门店销售的最高境界就是在销售商品的同时赢得顾客信任，尽量使顾客成为你的朋友。即使不能成为朋友，也千万不要把顾客变成你的敌人！

即时成交

水烧到99℃，此时最有效率的做法是什么？

对！趁热打铁，再烧一把火，否则等到它凉下来以后，就只能重新来过，这样既费事，又费时。

成交与烧开水有异曲同工之处。火候到了，马上主动邀约成交，因为成交机会稍纵即逝，如果不及时掌握，就只能等待成交时机重新再来了。这个等待的过程存在着很多变数。

销售冠军具备特别灵敏的嗅觉，他们会通过顾客的语言、肢体来捕捉顾客的成交时机！一般来说，成交时机经常出现在顾客的重要问题得到处理，并且顾客对此表现出认同和犹豫时，比如沉默不语、不断抚摸、用眼神不时关注、点头、微笑甚至主动示好等，或者顾客反复看某款商品，或者提问某个问题时。

主动成交

成交阶段的顾客可能同时有几个各方面差不多的品牌待选择，因此会犹豫不定。此时，哪个品牌的导购表现更主动，其成功率相应更大。

通过观察销售冠军在成交环节的表现，我发现他们特别善于使用成交过程中的拉力和推力，抓住一切可能的机会主动成交顾客。所谓拉力，就是通过销售过程不断激发顾客的兴趣和欲望，建立顾客对商品的好感，提升成交的"温度"。所谓推力，就是一旦发现顾客表现出成交倾向就立即行动，强力推动顾客做出成交决定。

自信成交

顾客在比较货品与购买决定两个阶段，心态截然不同。比较货品时，顾客更关注货品的功能和款式，但真到购买时，他可能犹豫不决，因为购买意味着要付出金钱。他会经常在内心询问自己"真的好吗""我没有买错吧""这是最低价格吗"等问题，并渴望从导购这里获得对货品及购买决定的信心。此时，导购一定要对顾客购买的商品树立信心，并将该信心传递给顾客。在与顾客沟通的时候，你一定要语调坚定，眼睛看着顾客，给他力量。

成交阶段最忌讳不自信地征询顾客的意见，比如："您到底要哪个？""您定了没有？""我给您开单，行吗？"这样并非礼貌和谦虚的表现，只能说明导购缺乏信心，并给了顾客延迟或拒绝成交的机会。你应该说："好的，我现在给您开单，请稍候。""美女，这件是样品，我给您拿个新的，请稍候！""先生，我现在给您包起来，请稍候。"

我发现，销售冠军在成交时不会有丝毫的犹豫，因为他们知道自己是在帮助顾客，而不只是在赚他们的钱，所以，哪怕只有50%的成功率，他们都会毫不犹豫地快速逼单。

动作成交

如果男人第一次认识女孩就向她表白："小丽，我喜欢你。我可以牵你的手吗？"结果是什么？十有八九都会被拒绝。那应该怎么做才能提高成功率呢？很简单，如果你觉得双方的感觉和气氛都差不多到位了，不需要多此一举地征询女孩的意见，只需要很自然地随意拉住女孩的手就行了。

其实，导购与顾客成交也是如此。导购不需要问顾客太多问题，只要做一些只有成交时才会做的事就可以了，比如直接给他开单或替他把东西包起来等。通过这些动作来假设顾客已经决定成交，这样做可以催眠顾客并让他在不知不觉中进入成交状态。

成交后如何避免顾客悔单

我曾和成都三杉地板的营销总监邓总一起做店铺调研，其间与经销商及导购们座谈，倾听他们工作中的困惑。有位加盟不久的经销商老板对我说："王老师，我做这个牌子六个月了，生意还不错，我也有想法在我们那里再开一家专卖店。但我遇到一个问题，那就是有的顾客都下了单了，订金也交了，最后却要求悔单，请问我应该怎么做呀？"

相信其他品牌和行业也会发生同样的事情。发生这样的事情，我们首先要分析顾客心理。一般来说，顾客成交后，心情既轻松又紧张。轻松是因为经过这么长时间的东奔西跑和反复比较选择，终于可以拥有自己梦寐以求的"宝贝"了。紧张是因为顾客担心自己是否真的买对了东西，尤其怕自己买贵了或上当了。如果导购不能充分掌握顾客成交后的这种心理并加以适当引导，就可能导致顾客悔单，让"煮熟的鸭子飞了"。

现在的终端竞争越来越激烈，顾客悔单甚至被竞争对手抢单的情况并不少见，尤其在家居建材行业。我在授课时，经常遇到学员咨询类似问题。经过店铺调研和实地走访，我提出了"保单四步法"，经过门店实践后效果很好，在此与大家分享，相信对各位提高保单率、降低悔单率定有帮助。

保单四步法

1. 卖给顾客最适合的货品

事前防范胜于事后处理。如果顾客是你的朋友亲人，他们会悔单吗？竞争对手要抢这样的单容易吗？答案一定是否定的。所以，悔单事件频发，意味着你与顾客的关系做得不够好。导购只有一开始就维护好与顾客的关系，真诚地服务顾客，绝不向顾客推荐不适合的产品或做不诚实的推荐，才能有效降低悔单事件发生的概率。否则，即使把东西卖出去了，其实也是自找麻烦，还将降低顾客对我们的信任度。

2. 签单后不要让顾客立即走

我给华帝橱柜做全国经销商年会培训的时候，有名学员对我说："王老师，我们公司最近请了位老师给我们讲课，说开单后要快速送客，您又说不要让顾客立即走，我不知道到底该相信谁。"对于该种观点，我个人不敢苟同，尤其对于家居建材类门店来说，为什么呢？

要知道，顾客虽然交了订金，也可能把货品都拿回去了，但其实顾客心里尚处于"我买对了吗"的焦虑状态，并且顾客的购买行为还可能受到亲戚朋友及竞争对手的干扰而动摇。所以导购在顾客做出购买决定后，不但不应该快速送客，相反，应该适当地与顾客闲聊一些相对轻松的话题，让顾客平稳地度过心理焦虑期。

此时，最忌讳的就是顾客交完钱后便快速送客，这只会让顾客感觉你在敷衍他，也会让顾客怀疑你的销售动机及售后服务的可靠性！所以，我认为快速送客的说法实在有些不妥。

3. 签单后保持与顾客沟通

即便是情侣，如果长期不见面，关系自然也会慢慢淡下来。导购与顾客也是如此。所以，我建议导购在顾客交了订金后，一定要经常与顾客保持联络，甚至可以不断地制造机会与顾客见面。

有一位全友家居的经销商一直为顾客悔单苦恼不已，我建议她导入保单四步法后，她的店铺保单效率大增，创造25个月无一例悔单的成绩。其具体做法就是不断寻找上门服务的机会，比如实地测量、设计装修效果图等，并为顾客提供装修方面的其他增值服务，积极地为顾客排忧解难，并且及时通过短信告知客户他的订单的单签状态，让顾客提前感受到完美的服务，这样极大地降低顾客悔单率。许多学员在听过我的课程后纷纷将该方法导入后期营销服务中，都反馈说效果极好！

4. 真诚探询并及时解决问题

当然，经过上面的免疫处理后，如果顾客仍然悔单，你也不必过于慌乱。此时，你可以鼓励顾客说出心中的真实想法，并据此进行针对性处理。其实导购最害怕的不是悔单，而是顾客遮遮掩掩地不说出悔单的真实原因，那样导购永远都无法下手解决问题。

所以，在适当的时候不妨表现得真诚点，并给顾客施加适度的压力，目的就是找出悔单的真正原因。比如："赵先生，是什么原因导致您改变决定呢？您告诉我真正原因，如果我解释后您仍然坚持己见，您放心好了，我会把订金退还给您。您看这样行吗？"

如果你按照上述方法给顾客做了充分的解释工作，但顾客仍然坚持悔单，我认为你也可以无怨无悔了，因为你已经做了自己该做的事情。此时不妨大度一点，因为这样的客人毕竟是少数，一年可能就是遇到那么两三单。你失去这两三单也不会倾家荡产，多做这两三单也不会富得流油，自己吃点亏，往往可以给顾客留下一个好印象。最忌讳的就是因此而起争执，最后还是竹篮打水一场空。

索要客户的联系方式

顾客来店,无论买了还是没有买,导购都希望得到顾客的联系方式。如果是成交的顾客,导购要给顾客建立顾客资料库,如果顾客没有下单,那导购也希望留下他的联系方式,以便后期跟踪顾客,尤其是家居建材行业,得到顾客联系方式,对于后续跟单非常重要。可是为什么顾客不愿意留电话号码呢?

顾客不愿留联系方式的原因

1. 怕被骚扰

顾客被保险公司或其他公司的垃圾短信和骚扰电话骚扰怕了,害怕店面导购也会像他们一样骚扰自己,影响自己的正常生活。

2. 怕失去主动权

顾客担心把电话号码给导购之后,随时都有可能接到导购的推销电话,打乱自己的决策节奏,从而失去主动权。

3. 怕泄露个人信息

电话号码也是个人信息的一部分,顾客担心其被泄露给其他人,给自己的工作生活带来不便。

4. 怕在不方便的时候接到电话

顾客担心在开会、休息或其他不方便的时间段接到导购的电话,给自己造成不便。

5. 导购缺乏正当合理的理由

导购在要电话号码时动作、话术生硬，时机不对，缺乏正当合理的理由，无法说服顾客。

6. 顾客没有购买意向，只是随便看看

顾客只是随便转转，而不是真正有购买意向的潜在顾客，也有可能是竞争对手的伪装调查人员，担心暴露自己的身份，所以不愿意留下电话号码。

导购应该怎么做才能让顾客乖乖留下电话号码呢？我觉得时机的选择很重要。

索要联系方式的最佳时间点

1. 在刚坐下聊天时

大多数人都有一种惰性，一旦坐下，如果没有急事，就不太愿意很快再站起来。所以，在进行了产品介绍之后，一旦顾客坐下了，导购就应该拿出电话号码记录本让顾客填写。

电话号码记录本上一定要有一长串之前的顾客留下的电话号码，故意让顾客看到，会给顾客心理暗示：其他顾客都留电话号码了，看来我也应该留。

2. 在顾客承诺购买时

当顾客为了探知价格优惠信息而向导购做出购买承诺时，导购应该故作怀疑，比如可以说："您真的今天就能定下来了吗？"顾客为了证明自己说的话算数，就会很肯定地回答。此时，导购可以说："那可否请您先留个电话号码，方便我们为您做售后服务。"

3. 在顾客询问优惠活动时

当顾客询问有没有价格优惠政策时，导购可以假装说现在优惠比较少，可能要过一段时间才会有，如果有的话，一定立马通知顾客，顺势直接向顾客索要电话号码，以便及时通知到位。

4. 在套近乎时

导购在和顾客拉家常时，发现是同乡或者具有某种共同喜好时，于是直接对顾客说："原来我们还是老乡呀，以后要多来往，互相留个电话，以后常联系。"如果发现有共同爱好，比如都是摄影爱好者，就立马说："原来您也喜欢摄影呀，我也喜欢，而且还是摄影协会的会员，我们经常搞户外拍摄活动，留个电话吧，下次协会搞活动的时候，我一定邀请您一块参加。"随即拿出自己的手机，名正言顺地留下顾客的电话号码。

5. 在谈价格优惠时

价格谈判到一定程度时，如果顾客要求导购去找店长申请，导购可以耍一个花招，对顾客说："先生，如果我去找店长申请价格优惠，您必须提供自己真实的电话号码。"这时候顾客只能提供真实的电话号码。

6. 告知顾客有中奖机会时

给顾客介绍完货品之后，告知顾客，专卖店正在搞一个来店有奖抽奖活动，抽奖依据是写有顾客的真实电话号码和姓名的小票，然后拿出小票让顾客填写。顾客为了获得抽奖机会，往往会提供真实的电话号码。

7. 领取礼品时

专卖店可以搞一些来店有礼活动，在顾客领取礼品时要求他先填写一份顾客信息登记表，填写完之后再把礼品发放给顾客。

8. 送客离店时

在顾客正起身要离开店面，一边拿着记事便签追着顾客，一边说："先生留个电话吧，有优惠活动时，我肯定第一时间通知到您。您放心，我不会在休息时间打扰您。导购要一边说着这段话，一边送顾客离开，顾客或许心一软，就把电话号码给留下来了。

第十章

如何挽留顾客——
做好服务，不离不弃

为什么有的店人流量越来越少,生意越做越难;有的店人气越来越旺,生意越做越好?为什么有的导购做了几年也没有几个忠诚顾客;有的导购做一段时间就和很多顾客都成了朋友,老顾客宁愿多走路也要点名找他买东西?

我经常在上课时说:顾客不进店可能是店的问题,顾客进店但没有签单可能是人的问题,顾客签单后再也不来了,那可能是服务出了问题。这三个环节形成一个完整的销售循环。为了提高店铺竞争力,很多品牌投入很多资源提升店铺形象,在人员培训上也慢慢重视起来,但在售后服务方面是否投入了足够的精力呢?其实,售后服务既是让销售继续的便捷途径,又是让品牌扎根的重要屏障。随着市场竞争的快速升级及顾客需求的日益提高,它将变成终端差异化竞争的重要手段。

销售没有终点

在同学聚会时,多年未见的同学都会好奇地打听近况。听说我一直在做门店培训,他们问我怎么做业务,是自己找课讲,还是有人专门代理。我淡定地告诉他们：我从来不主动找课讲，我 90% 的培训课程都来自老客户的口碑推荐和我三本零售书籍的读者转介绍。因为我一直认为打造强大的讲师品牌比赚钱重要一万倍。

可能你会问：应该如何做强做大品牌呢？其实，我认为在终端做品牌就是做口碑。好口碑不断传播就会成就强大的品牌。

雪球如何才能越变越大？让雪球不停地滚动起来。其实，做生意也是如此，生意滚动起来才可以越做越强，越做越大。生意的雪球应该如何滚动起来？我的建议是：不断地积累顾客的良好口碑，让顾客成为我们品牌的义务宣传员！就像上海工艺大师一样，顾客影响顾客的儿子，顾客的儿子影响顾客的孙子。如果我们果真可以做到如此，就根本不用发愁没有顾客上门，也不用担心竞争对手无休止的促销干扰。

学无止境，其实销售亦是如此，销售永远不会也不能结束。优秀的店铺销售人员会以成交为契机做好顾客服务，通过完美的服务进一步拉近与顾客的距离，将顾客变成一辈子离不开自己的忠诚顾客！

2015 年 11 月，我为成都三杉地板的员工授课，偶然翻阅公司的内刊，发现一个令我印象深刻的故事，它很好地诠释了"销售永远都不会也不能结束"的道理。

一名顾客在南昌奥康专卖店买了一双皮鞋。一个月后发现鞋底出洞，于是他来投诉。导购也搞不清楚怎么回事，就将皮鞋寄回总部检查。总部经过调查发现，原来是因为顾客是名锅炉工，鞋底长期与高温的煤渣接触，所以才出洞。按理说这样的情况，奥康没有任何责任，但奥康是个负责任的大品牌，依然将鞋免费维修后寄回南昌。

南昌专卖店给顾客打电话时,顾客已经到杭州找工作去了,并且短期不会回南昌。怎么办?经请示公司后,南昌专卖店将鞋子寄到杭州文三路专卖店。等鞋子寄到后,顾客却又到临海上班了。于是文三路专卖店又将鞋子寄到临海的专卖店。当顾客接到临海专卖店送来的皮鞋时感慨万分,发誓一辈子只穿奥康鞋!

一双鞋子其实是一桩很小的生意,但是通过做好售后服务,让顾客感动并且做成顾客一辈子的大生意,实乃售后服务的大智慧!

一家只注重卖东西的门店注定只能赚些眼前的小钱,并且赚得很辛苦。如果你希望一辈子赚顾客的大钱,并且希望钱越赚越轻松,那就要用自己真心诚意的服务去感动顾客,去做顾客的口碑,因为销售永远都不会也不能结束!

真正的服务令顾客感动

顾客对你的店铺、货品及服务可能很满意,但是最后他不一定会买我们的东西,因为其他店铺的产品和服务可能让他更加满意,甚至令他感动!顾客会选择一个各方面最令他满意的商品成交。

其实,做好顾客服务有两个层次:顾客满意和顾客感动。顾客满意是基础,顾客满意也不一定就会购买,但顾客感动了就另当别论。此时顾客会对竞品的诱惑产生免疫抗体，对你的品牌产生长期忠诚，甚至可能为我们做大量的口碑宣传。

怎样才能让顾客感动？其实无论导购在售前做得多么好，顾客可能感到更多的只是满意而不是感动。因为顾客觉得导购应该为他提供这样的服务，甚至认为导购是有企图的，但售后服务就不一样了。所以，要感动顾客一定要在售后服务上做更多的文章。售后服务往往是顾客关心而卖者忽略的环节！

前不久，我应中国高档女装品牌白领服饰邀请考察并调研了其店铺。在与公司高管交流的过程中，该高管有句话让我印象深刻，他说白领的服务就是要让顾客产生幸福感！要深深地感动顾客，让顾客一辈子陶醉在这种巨大的被服务的良好感觉中！当然，这种幸福感不是凭空而生，它需要通过我们的货品及服务来完成，尤其是售后服务，并且唯有做好售前及售后服务中的每个细节，才能更好地打动顾客，因为真正感动顾客的往往都是那些别人不经意的细节！

做对手不敢做的事

2016年，我为卓雅女装进行订货会培训时，与学员们分享了如何做让顾客感动的售后服务。下面是我们的对话——

"各位朋友，我们都给顾客提供哪些服务呢？"我问道。

第十章 如何挽留顾客——做好服务，不离不弃

"王老师，买了我们的衣服可以免费熨烫、修改。"一位老板举手后对我说。

"那请问，真正来熨烫、修改的人多吗？"我微笑着问。

"不多。现在大家都这样做，顾客觉得也麻烦。"人群中有人说出了心里话。

"那请问我们希望顾客经常来吗？"我追问道。

"不希望，怪麻烦的！"前排有位大姐很直接。

"那请问，如果朋友间很少走动，是否关系就会日渐疏远呢？"我问。

此时学员们开始议论纷纷，有人表示认同。

"那我们应该怎么做呢？"我继续引导。

"让顾客不觉得麻烦就好了。"有个小伙子终于说话了。

"怎么样才让人不觉得麻烦呢？"我问他。

"不要等顾客送过来，可以电话预约，免费取送。"小伙子挺聪明，稍加引导答案就出来了。

"那如果竞争对手也这么做呢？"有人立即站出来反对。

"那我们就免费干洗，免费取送。"小伙子坚持着做别人不敢做的事。

"那好麻烦，并且费用也太高了。"学员们开始热烈议论。

……

你会支持小伙子的做法吗？其实，我是小伙子做法的坚定支持者！虽然这么做我们可能会多花一点儿干洗及人工费，导购也会忙一点儿，但是，只要坚持做上一两年，顾客被感动的可能性极高，我们

不但能赢得更多忠实的回头客，而且，他们还会帮我们做义务宣传。因为我们做的都是顾客特别期待，但我们本没有义务而且竞争对手也忽略了的事情！当然，具体操作时，我们可以设定标准，比如达到一定级别的VIP顾客或者在一定地理范围内的顾客才能享受该服务，并且我们可以将这些服务工作更多放在销售淡季来做，这样不会增加多少人力成本。至于干洗费，可以通过异业联盟联合一些干洗店，降低干洗费用。

如果我们经常做一些竞争对手不敢做的事，通过淡季做服务让导购与顾客经常接触，相信我们与顾客的关系会做得更好，当销售旺季到来的时候，哪怕我们的衣服卖得比竞争对手稍微贵一点儿，顾客光临我们店铺的可能性依然较高，否则顾客都会觉得不好意思，你说是不是？我们这么做，一方面建立了稳定的顾客关系，另一方面也可以树立品牌不打折的形象，甚至获取更多销售利润，实为一箭双雕。

当然，做服务还有很多方式，但是，无论采取哪种方式，都要注重对顾客的人性化关怀，做好那些看似细微的工作来感动顾客。通过这种追求顾客感动的服务，能避免进入销售旺季时拼命打折做促销的死胡同。

如果你想维护良好的客情关系，如果你希望不降价照样卖东西，如果你希望店铺持续经营、稳定盈利，那么就请做好客情关系，尤其要做好后市场服务，坚持做一些竞争对手想不到的或者想到做不到的事，哪怕你为此花一些钱。请放心，只要你做好了这些事，未来某天你必将得到更多的回报。

顾客给我们的最后机会

两口子有矛盾，双方都不说出来，结果会怎么样？离婚的可能性极高！因为他们有矛盾，但都不"投诉"，结果积怨越来越深，直到有一天双方实在忍无可忍，只好各奔东西。其实，此时积极的解决之道，就是鼓励大家说出心里想说的话，共同解决问题。所以，在课堂上我常说：投诉是顾客给我们活着的最后机会。

做销售不可能不遇到顾客投诉，关键是正确应对并减少顾客投诉。

预防顾客投诉的策略

前段时间，我去一家咖啡厅小坐，点了一份现磨咖啡。正常情况下，咖啡10分钟就端过来了，但我等了15分钟还没有看到咖啡，于是我开始左顾右盼，20分钟时我终于忍无可忍，将服务员叫来询问原委。服务员解释说我点的咖啡要多磨10分钟才可以保证风味。虽然最后我对此表示理解，但我想服务员其实可以把事情处理得更好。她不应该等到顾客不满意了再来被动处理，她完全可以在点餐时主动提醒。我相信那样顾客的心情会更放松，也不至于多受10分钟的煎熬！鉴于此，我认为我们可以从三个方面预防投诉。

1. 提高产品品质

就像上海工艺大师董事长陈相先生所说，把不适销的产品卖给顾客，是对顾客的不负责任，也是对自己的不负责任。高品质的产品能减少顾客投诉,产生顾客口碑。

所以,导购应该认真把好验货上架关,绝不让不合格的产品出现在卖场,更不能把品质不合格的产品卖给顾客。因为这样做,一开始就埋下了顾客投诉的种子。

2. 提升服务品质

研究表明,70%的顾客投诉都源于导购给顾客提供了不良的服务。所以,提升店铺的服务意识和服务品质,尤其是售后服务,是预防顾客投诉的重要途径。这一点对家居建材行业更为重要,因为家居建材货品多为半成品,如果没有适当的售后服务,根本无法直接使用。

3. 维护客情关系

试想,两位顾客同时来投诉,其中一位是你的朋友,另一位与你曾有过节,哪位顾客的投诉相对更容易处理?答案不言自明。所以维护与顾客的良好关系,无论对于销售过程,还是投诉处理,都是有利的。

处理顾客投诉的技巧

1. 积极鼓励顾客来投诉

顾客说出心中不满后,如果导购积极地处理,那么顾客仍有可能被挽留,否则顾客将不声不响地流失。可事实上绝大部分顾客不愿意主动来投诉,所以鼓励顾客投诉就变得特别重要。

鉴于此,店面要规范各种投诉制度,公布灵活的沟通渠道以方便顾客投诉。在顾客投诉的时候,一定要鼓励顾客多说,此时做任何解释都变得毫无意义。因为顾客会将导购的解释视为推卸责任,根本不可能听得进去，尤其是那些情绪激动的顾客。

2. 尊重并重视顾客的投诉

顾客来投诉不是来制造麻烦，而是遇到问题需要导购的帮助。首先应该真诚感谢顾客的投诉，因为他这样做就是给了我们一次改进的机会。其次，导购应该为给顾客带来的麻烦表示歉意，因为这耽搁了顾客的宝贵时间。其实，如果导购尊重顾客并且表现出极大的重视和诚意，顾客的投诉往往就已经解决了一半。

3. 处理投诉要冷热结合

顾客投诉的时候，大多数人情绪比较激动，并且满肚子委屈，导购此时可以采取冷处理的方法，即让顾客多说，自己认真聆听并做笔记。顾客把肚子里的话说完后，情绪也就基本上慢慢趋于稳定了，此时导购再做热处理，即询问顾客并做适当解释。千万不可在顾客情绪激动时做热处理，这样跟他对着干，无异于火上浇油。

4. 用转移时空的方式处理投诉

导购还可以适当变换处理投诉的时间、地点和人物，说不定会峰回路转。譬如发现导购与顾客的沟通氛围不好甚至顾客对导购缺乏信任时，导购可以让职务更高的人来处理。如果顾客情绪激动或者该问题的处理方式确实超出自己的权限，则可以考虑采用延迟处理法，说不定等到第二天顾客情绪冷静了，问题不攻自破。当然，在门店里处理顾客投诉实在不是个好办法，所以一般建议导购将投诉处理地点由卖场转移到对店铺生意影响更小的地方，比如茶楼、顾客家里或者其他地方。